서툰 마음에 말을 건네기가
두려운 당신에게

# 서툰 마음에 말을 건네기가 두려운 당신에게
내면의 힘을 기르는 가장 사적인 생존 연습

**초 판 1쇄** 2025년 04월 16일

**지은이** 변한다
**펴낸이** 류종렬

**펴낸곳** 미다스북스
**본부장** 임종익
**편집장** 이다경, 김가영
**디자인** 임인영, 윤가희
**책임진행** 안채원, 이예나, 김요섭, 김은진, 장빈주

**등록** 2001년 3월 21일 제2001-000040호
**주소** 서울시 마포구 양화로 133 서교타워 711호
**전화** 02) 322-7802~3
**팩스** 02) 6007-1845
**블로그** http://blog.naver.com/midasbooks
**전자주소** midasbooks@hanmail.net
**페이스북** https://www.facebook.com/midasbooks425
**인스타그램** https://www.instagram.com/midasbooks

ⓒ 변한다, 미다스북스 2025, *Printed in Korea*.

**ISBN** 979-11-7355-192-5 03190

**값 18,000원**

※ 파본은 본사나 구입하신 서점에서 교환해드립니다.
※ 이 책에 실린 모든 콘텐츠는 미다스북스가 저작권자와의 계약에 따라 발행한 것이므로 인용하시거나 참고하실 경우 반드시 본사의 허락을 받으셔야 합니다.

**미다스북스**는 다음세대에게 필요한 지혜와 교양을 생각합니다.

# 서툰 마음에
## 말을 건네기가
## 두려운
## 당신에게

변한다 지음

미다스북스

6　프롤로그

## 1장
# 내 안의 그림자와 조용히 마주하기

| 11 | |1| 열등감 | 나를 구원했던 조언자 |
| 16 | |2| 모멸감 | '네까짓 게 뭔데'에서 이미 졌습니다 |
| 21 | |3| 모욕감 | 날 모르는 사람들에게 흔들리지 않기 |
| 25 | |4| 조급함 | 급한 게 아니라 절박한 거예요 |
| 29 | |5| 강박 | 행복에 집착할수록 더 불행해진다 |
| 34 | |6| 방어기제 (1) | 나쁜 에너지 반사 |
| 38 | |7| 방어기제 (2) | 흐린 눈이 되어보기 |
| 42 | |8| 결핍 | 기골이 장대한 톰보이가 이 땅에 적응하는 법 |
| 47 | |9| 불안 | 내 안의 오래된 친구 |
| 52 | |10| 이기심 | 이기심과 이타심의 경계 |

## 2장
# 흔들리는 마음을 다독이며

| 61 | |1| 단념 | 쉽지는 않겠지만 때론 무심하게 |
| 66 | |2| 주의 산만 | 산만한 금쪽이 처방법 |
| 71 | |3| 침잠 | 온전한 평온이 필요할 때 |
| 76 | |4| 복수심 | 망각이 나를 자유롭게 하리라 |
| 80 | |5| 분노 | 그저 묵묵히 견딜 수밖에 |
| 85 | |6| 억울함 | 성장의 원동력을 만드는 비법 |
| 89 | |7| 편협심 | 도량은 좁아도, 표현은 넓게 |
| 95 | |8| 허영심 | 들뜸에게 먹이 주지 마라 |
| 100 | |9| 번뇌 | 고통 지옥에서의 주문 걸기 |
| 104 | |10| 공격성 | 감정은 유전, 그런데 말입니다 |

## 3장
# 내 마음을 단단히 다지는 시간

| | | | |
|---|---|---|---|
| 113 | \|1\| | **반성** | 당신에게서 문득 나를 본다 |
| 119 | \|2\| | **객관화** | 자기 조망의 진실 찾기 |
| 124 | \|3\| | **셀프리더십** | 내 삶의 주인이 되는 법 |
| 129 | \|4\| | **공감** | 공감 과잉 시대에서 오롯한 나로 사는 법 |
| 133 | \|5\| | **공헌감** | 당신의 사명감은 안녕하십니까 |
| 138 | \|6\| | **기대감** | 진심을 다한다는 불편함에 대하여 |
| 142 | \|7\| | **존재감** | 모든 일의 시작은 인사로부터 |
| 146 | \|8\| | **자제심** | 귀찮음은 흘려보내 버려 |
| 150 | \|9\| | **침묵** | 어른으로서의 격, 기다림의 미학 |
| 154 | \|10\| | **둔감력** | 감정의 스릴이 아닌 평안을 |

## 4장
# 내 삶의 중심을 세우는 법

| | | | |
|---|---|---|---|
| 163 | \|1\| | **자립** | 세상 밖으로 나올 너를 위해 |
| 168 | \|2\| | **고독** | 혼술하고픈 일상의 밤 |
| 172 | \|3\| | **단호함** | 생살을 도려낸다는 굳은 각오로 |
| 177 | \|4\| | **용기** | 호기로움과 존재의 이유 사이 |
| 182 | \|5\| | **유능함** | 무능에는 일고의 변명 따위 없다 |
| 186 | \|6\| | **실행력** | 바보는 항상 결심만 한다 |
| 191 | \|7\| | **명료함** | 님아, 아무 말이나 늘어지게 하지 마오 |
| 195 | \|8\| | **근성** | 어서 와, '근성' 월드는 처음이지? |
| 200 | \|9\| | **일관성** | 똑똑한 바보를 아십니까 |
| 205 | \|10\| | **명랑함** | 그저 유쾌한 어른으로 |

212     에필로그

프롤로그

파랑새처럼 행복을 찾아 여기저기 헤매다 결국 그저 그렇게 끝나는 인생에 흔쾌히 만족했더라면 아마 밤마다 머리를 쥐어짜며 글을 쓰는 사람은 되지 않았을 겁니다. 나는 열심히 했다고 생각했고 죽을 만큼 노력했다고 여겼으며, 최대한 배려했다고 믿었습니다. 하지만 그 결과 실패로 코가 깨지기도 했고 배신에 피가 철철 나기도 했습니다. 한동안은 일어설 수 없을 만큼 무기력에 빠지기도 했지요.

누구나 그렇게 인생을 살아갑니다. 그런데 만약 누군가 "너의 인생만 극적인 것처럼 왜 그렇게 호들갑이냐?"라고 묻는다면 글쎄요. 더는 할 말이 없을지도 모릅니다. 이쯤에서 책을 덮어도 괜찮습니다. "행복은 내 자리에서 찾는 것, 나 자신에게 먼저 질문을 할 수 있어야 한다." 정신건강의학과

의사 김건중이 말한 것처럼 모든 문제의 근원은 자기 자신에게 있습니다. 이 책을 통해 먼저 나와 친해져야 한다는 말씀을 드리려 합니다. 즉 내 마음을 속속들이 들여다보는 과정, 그것이 중요하다는 거죠.

중년이 된 지금도 여전히 내 마음을 알지 못하고, 때로는 혼란스러울 때도 있습니다. 나의 분노, 화, 우울감이 어디서 비롯된 건지 알 수 없고, 그 해답을 찾지 못해 갈팡질팡하기도 합니다. 그럴 때마다 숨을 고르고 남에게 돌리려 했던 투정의 화살을 내게로 정조준하며 내 안으로 깊숙이 들어갑니다. 그렇게 차츰 평온을 찾아가고 있습니다. 기억은 쉽게 휘발되기에 그 과정과 방법을 심리학자나 교수처럼 전문적으로 설명할 수는 없지만, 지극히 개인적이고 내밀한 경험을 여러분과 나누고자 이 책을 기록으로 찬찬히 남기게 되었습니다.

마지막으로 소설가 조지 버나드 쇼의 말을 덧붙이고 싶습니다. "오로지 행복하기만 한 평생이라니, 그런 걸 견딜 수 있는 사람은 없다. 그런 삶은 지상에서 경험하는 지옥이다. 행복은 감정이 아니라 존재의 방식이다." 자, 이제 여러분, 변한다와 함께 마음 공부를 해보며 행복을 향한 존재로 나아가 보시겠어요?

( 1장 )

# 내 안의 그림자와
# 조용히 마주하기

내면에서 겪는 열등감, 모멸감, 모욕감 등의 감정과
심리적 문제들을 들여다봅니다.
어떻게 삶에 영향을 미치는지,
그로부터 벗어날 방법은 무엇인지 모색합니다.

## 마음 기록 노트

이 장을 읽기 전에, 먼저 내 마음을 천천히 들여다봅니다. 지금, 이 순간의 감정과 생각을 기록해 두고 이 장에서 함께할 이야기를 준비해 보세요.

▫ 최근 내가 느낀 열등감의 순간은 언제였나요?
▫ 오늘 내가 불안을 마주한 그 이유는 무엇인가요?
▫ 과거의 자신과 비교했을 때 정말 만족하나요?

# 열등감

나를 구원했던 조언자

> 열등감이 나쁜 것은 아니다. 어떻게 다루는가가 문제다.
>
> 알프레트 아들러

사실 내가 기억하는 과거의 학교는 우리가 흔히 떠올리는 학생 간 갈등과 극적인 화해, 진한 우정이 넘치는 그런 곳은 아니었습니다. 경제적 차별을 처음으로 뼈저리게 느낀 장소였지요. 초등학교 시절, 서울 강북에서 살다가 고학년이 되어 송파로 이사 오게 되었습니다. 1988년 서울올림픽을 위해 지어진 대단지 아파트로, 그곳은 우리 가족의 첫 새집이었습니다. 그때만 해도 내가 살던 단지엔 유명한 혼성 그룹의 멤버나 발라드 가수들이 살던 대형 평수가 꽤 인기를 끌었죠. 그에 비해 우리 집은 가장 작았고, 그곳은 공교롭게도 나에게 열등감의 원천이었다 해도 과언이 아닙니다.

당시 내가 사는 동네는 내겐 작은 우주와도 같았지만 처음으로 '네 편, 내 편'이라는 편 가르기를 경험하게 되었죠. 아파트 단지 안에 초등학교가 있었는데, 집의 크기나 자동차, 옷차림에 따라 자연스럽게 그룹을 짓고 차별이 일어나더군요. 그때의 경험은 정말 충격적이었습니다. 심지어 학원 선생님들조차 아이들의 부모 직업이나 경제적 상태를 기준으로 나누는 듯한 태도를 보였던 기억이 지금도 생생합니다. 그런 분위기 속에서 스승의 날 선물을 준비하는 것조차 부담스러워 며칠을 고민했고요.

지금 생각하면 참으로 어처구니없지만, 그때 친구들이 나에게 집 평수를 물어볼 때마다 떳떳하게 대답할 수 없을 정도로 왠지 모르게 부끄러웠던 게 사실입니다. 유명 브랜드의 옷을 사 입지 못하거나 외식을 자주 하지 못했던 가정 형편에 대해 원망하기도 했습니다. "우리 아버지는 월급 많이 주는 은행에 왜 다니지 않지? 돈을 많이 벌 수 있는 사업을 왜 하지 못하는 걸까?", "우리 엄마는 좋은 대학을 나왔는데, 직장을 왜 계속 다니지 않으셨을까?" 이제야 고백하건대 그 당시, 나는 열심히 일하는 아버지와 우리를 살뜰히 돌보는 어머니의 노고를 제대로 이해하지 못했습니다.

경제적인 이유로 불화하는 부모님을 마주하는 것이 힘들었습니다. 유복한 가정의 친구들은 걱정 없이 지내는 듯 보였고, 그들 사이에서 나는 왜 이렇게 치열하게 공부해야 하는지 억울함을 느꼈습니다. 하지만 성인이 되어 어려운 상황에 처해 있는데도 씩씩하고 당당한 친구들을 만나면서 그제야 내가 우물 안의 나약하고 비겁하며 불평불만이 가득한 개구리였음을 깨달았습니다. 가장 중요한 사실은 그때의 열등감을 극복하고 나아가는 일은 오직 나 자신만이 할 수 있다는 거였습니다. 내 삶을 변화시킬 수 있는 사람은 부모님이 아닌 바로 나 자신이라는 걸 비로소 알게 되었습니다.

기시미 이치로의 『마흔에게』에서 언급된 아들러 심리학을 떠올리면, 열등감이 반드시 나쁘지만은 않다는 걸 깨닫게 됩니다. 아들러는 사람들이 열등감을 느낄 때 그것을 극복하려는 우월감을 추구하게 되며, 그 과정을 통해 성장할 수 있다고 말합니다. 학창 시절 수많은 아르바이트를 거쳐, 지금껏 20년 동안 회사에 다니며 내 삶을 일궈오면서, 어렸을 때의 경제적 차별에서 오는 열등감을 극복하려는 노력은 내 삶의 큰 원동력이 되었습니다. 지금의 나를 지탱하는 자신감의 뿌리라고 할 수 있습니다.

아들러가 말하는 '건전한 우월성의 추구'는 다른 사람과 비교하는 방식이 아니라, 자신이 쌓아온 걸 하나씩 더해 가는 방법으로 평가하는 것입니다. 내가 이뤄낸 성취에 집중하며 나만의 가치를 느끼는 것, 그것이 내가 지금까지 깨달은 나만의 우월성입니다. 30여 년 전 나는 타인과의 비교 속에서 열등감에 휘말렸지만, 그 과정에서 경제적 어려움을 일찍이 깨닫고, 그것을 극복한 사람들을 순순히 인정하고 기꺼이 존경할 수 있게 되었습니다. 이제는 부를 이룬 사람들의 노력을 쉽게 깎아내리거나 운이 좋았다고 감히 말하지 않게 되었습니다.

**혹시 지금 열등감에 휩싸여 아무것도 할 수 없는 상태라면, 잠시 숨을 고르고 그 감정과 진지한 대화를 나누어 보세**

**요.** 자신이 진정 무엇을 두려워하는지 그 상황에서 해야 할 역할이 무엇인지 한번 생각해 보세요. 그리고 용기를 내어 그 감정을 넘어 나아가는 길을 걸어보세요. 열등감은 우리가 가야 할 길을 알려주는 중요한 조언자가 될 수 있다는 사실을, 이번 기회에 조금이나마 느껴보면 좋겠습니다.

## 2

## 모멸감

'네까짓 게 뭔데'에서 이미 졌습니다

그를 깎아내린다고 내가 높아지는 것이 아니다.

그를 업신여긴다고 내가 강해지는 것이 아니다.

박노해

모멸감. 우리는 이를 두고 단순히 외부의 공격으로부터 생긴 감정이라고 주로 이해합니다. 하지만 모멸감은 사실 우리 내면의 빈틈과 깊은 연관이 있습니다. 우리가 어떻게 받아들이는지에 따라, 그 의미가 달라집니다. 심리학자 배르벨 바르데츠키는 "우리가 모멸을 느낀다는 건 모멸 행위 그 자체보다 우리 자신과 더욱 관련된 문제다."라고 말했습니다. 여기서 중요한 통찰을 얻을 수 있는데요. 즉 모멸감은 단순히 다른 사람이 나를 어떻게 대하는지가 아닌 내가 나를 어떻게 대하는가에 대한 태도, 결국 내면의 문제로 귀결됩니다.

한 사람의 예를 들어보겠습니다. 그는 20년 넘게 한 회사에서 일했습니다. 그동안 강산이 두 번 바뀌었고, 많은 일들을 겪었을 겁니다. 대기 발령, 권고사직, 갑작스러운 업무 배제까지, 그의 삶에 닥친 시련은 만만치 않았습니다. 그와 두 시간 넘게 이야기를 나눈 후, 떠오른 사자성어는 '건곤일척乾坤一擲'이었습니다. 실제 그는 벼랑 끝에 서 있는 것처럼 느껴졌습니다. 그가 무엇보다 견디기 어려웠던 건, 자신보다 품격도 역량도 부족한 사람들이 자신의 운명을 쥐고 있다는 사실이었다고 합니다. 고통과 불안 속에서 그저 모멸감을 가슴에 품고 묵묵히 버티고 있었을 뿐이었습니다.

문득 예전 직장에서 만났던 한 사람이 떠올랐습니다. 그는 남녀노소를 불문하고, 모든 이들이 그에게 머리를 조아릴 정도로 큰 영향력을 가진 사람이었습니다. 직급은 주임이었지만, 높은 사람과의 관계 덕분에 사실상 실세였죠. 어떤 임원들은 그가 모시는 분과의 일정을 맞추기 위해, 아랫사람들에게 불편한 심부름을 시킬 정도였습니다.

나 역시 자질구레한 일을 주로 맡았던 아랫사람 중 하나였습니다. 처음엔 직급도 낮은 그가 계속해서 트집을 잡고 내게 모욕감을 주었을 때, 심한 거북함을 느꼈습니다. 그의 전화는 무조건 피하고 싶어질 정도였죠. 그러나 시간이 지나면서 그 감정은 서서히 무뎌졌습니다. 마침내 그와의 연락을 단지 3분짜리 연극처럼 여길 수 있었습니다. 왜냐고요? 어느 순간 깨달았습니다. 내가 그 모멸감을 어떻게 해석하느냐가 중요하다는 것을. 결국 그 상황에서 해결해야 할 사람은 나였고 그는 절대로 바뀌지 않다는 것을요. 나는 더 이상 감정에 좌지우지되지 않기로 마음먹었습니다.

사람은 종종 외부에서 강제적으로 주어지는 모멸감에 의해 휘둘릴 수 있습니다. 『모멸감』의 저자 김찬호는 이를 두고 '한국 사람이 가장 견디기 힘든 감정'이며, '사람이 다른 이에게 가할 수 있는 가장 무서운 감정 폭력'이라고 정의했습니다. 그도 모멸감을 단순히 외부의 비난이나 무시로 치부하지 않습니다. 모멸감은 우리가 존중받지 못한다고 느끼는 순간, 우리 존재 자체가 부정당하는 기분이 들게 만듭니다. 이는 우리 내면의 불안을 자극하고 심리적인 고통으로 이어집니다.

 하지만 우리가 알아야 할 중요한 점은 우리가 느끼는 감정의 원인이 사실 대부분 추측에 불과하다는 겁니다. 다른 사람이 나를 진짜 우습게 여겼는지, 아니면 그렇지 않았는지는 우리가 물어보기 전에는 알 수 없습니다. 문제는 우리가 그 감정을 어떻게 받아들이느냐입니다. 내가 그 감정을 어떻게 해석하느냐에 따라, 내 존재의 가치가 위협받는 것처럼 느껴질 수도 있습니다. 이때 자존감이 낮은 사람은 더욱 큰 고통을 겪게 됩니다. 모멸감은 <u>피해의식</u>으로, 그리고 때로는 복수라는 형태로 나타나기도 합니다.

 그러나 **자기감정의 중심을 잡고 다른 사람들의 부정적인 행동과 말에 지나치게 연결되지 않도록 노력한다면, 모멸감도 피해의식도 복수를 원하는 마음도 자연스럽게 사라질 수 있습니다.** 물론 이 모든 감정에서 벗어나려면 꾸준한 연습이 필요합니다. 그리고 우리가 반드시 기억해야 할 건 "네까짓 게 뭔데?"란 말을 입에 담기 전, 이미 우리는 감정의 노예가 되어 있다는 사실입니다. 그 말부터 삼키고 우리, 이제 더 이상 모멸감에 휘둘려 잠 못 이루는 나날들을 손으로 헤아리는 루저가 되지 않기로 해요.

> **심리 용어 해설 사전**                                 **피해의식**
>
> 자신의 생명이나 신체, 재산, 명예 따위에 손해를 입었다고 생각하는 감정이나 견해를 이른다. 피해의식은 다른 말로 현실 판단력 또는 현실감 즉 현실 검증 능력이 있다는 것이다.

## 3

# 모욕감

날 모르는 사람들에게 흔들리지 않기

세상이 너를 버렸다고 생각하지 마라. 세상은 애초에 널 가진 적이 없다.

에르빈 롬멜

"난 아직도 꿈을 꿔. 그년과 그놈이 나와서 나를 괴롭혔지."

전 직장에서 겪었던 모욕감이 떠오를 때마다 반복하던 혼잣말입니다. 그 기억이 머릿속에서 떠나지 않아 한동안 참 많이 괴로워했죠. 여기서 잠깐, 모욕감과 모멸감은 조금 다릅니다. 모욕감은 상대방이 나를 부당하게 대하여 화가 나는 감정이고, 모멸감은 '은연중'에 무시당하면서 느끼는 거죠.

그 당시 상황은 이랬습니다. 상사가 회식 자리에서 남자 친구가 있는 동료에게 취기를 빌미로 사적인 질문을 쏟아냈습니다. 피임, 성생활 등과 관련된 민망한 이야기였죠. 그는 당황한 기색을 숨기지 못했고 어쩔 줄 몰라 했습니다. 겨우 그를 상사와 떼어놓고 다음 날 어떻게 대처할지 고민하는 그에게 사내 노무사를 소개해 주었습니다.

그 이후 펼쳐졌던 일들은 내 예상과 달랐습니다. 선한 마음으로 동료의 문제를 돕겠다고 나섰지만, 그는 무슨 이유인지 내가 이 이슈를 이용해 상사를 밟고 승진하려 한다고 오해하더군요. 순간 싸함을 직감하고 기분이 묘했습니다. '네가 나를 이상한 사람으로 만들다니.' 서운함과 자괴감이 밀려왔습니다. 특히 그와는 퇴근 후 자주 봉사 활동을 하며 가정사 등 내밀한 이야기를 나누던 사이였기에 더 마음이 아팠습니다.

문제는 여기서 끝나지 않았습니다. 상사에게 단단히 찍혀 낮은 등급의 고과 평가를 받았고, 결국 그 부서를 떠날 수밖에 없었습니다. 그때부터 "너 나 누군지 알면서."라는 말을 함부로 하지 않게 되었고 누구도 본연의 나를 제대로 알아주길 바라지 않게 되었습니다. 어쩌면 이는 내 마음속에서 나 스스로 보호하려는 일종의 방어막일지도 모릅니다.

그때 깨달았습니다. 의도가 좋다고 해서 결과도 좋은 게 아니라는 사실을요. 내가 동료를 돕고자 한 동기는 순수했지만, 그 결과로 다른 부서로 거의 쫓겨나다시피 했으니까요. 동료는 나를 남의 약점을 빌미 삼는 몹쓸 사람으로 여겼고요. 그러나 그에 대한 실망감이나 아쉬움을 느낄 게 없었습니다. 결국 상대방은 나를 제대로 알 필요도 없고, 그런 헛된 기대를 품고 낙담할 이유도 없었습니다. **확증 편향**, 즉 사람들은 그저 믿고 싶은 대로 보고 싶은 대로 믿고 볼 뿐입니다.

누군가가 나를 잘 알고 제대로 인정해 주는 건 행운일지 몰라도, 그렇지 않다고 해서 불행도 아닙니다. 오히려 자연스러운 일인지도 모르죠. 강산의 『어차피 남들은 나에게 관심이 없다』에서도 비슷한 이야기가 나옵니다. 사람들이 흔히 큰 인물이 가지고 있는 도량, 즉 마음이 넓고 생각이 깊어 사람이나 사물을 잘 포용하는 품성을 찬양하는데요. 아르투어 쇼펜하우어는 이러한 도량은 타인에 대한 심한 모멸감에서 비롯된다고 보았습니다. 결국 위대한 정신 승리자들은 주위 사람들을 자기와 동등하게 보지 않으며 그들에게 기대하지 않습니다.

맞습니다. "너 나 누군지 알면서." 사실 그 누구도 당신을 제대로 알 필요는 없습니다. 상대방이 나를 알아주지 않거나, 오해해서 부당하게 대한다고 해서 모욕감을 느낄 이유도 없습니다. 내 인생에서 그저 스쳐 지나가는 사람들에게 상처받으면 나만 손해죠. 결국 중요한 건 우리 자신입니다. **모욕감이라는 상처에 본인을 순순히 허락하지 마세요. 우리의 존엄과 소중한 에너지를 낭비하지 않기 위해**, 그런 감정들로부터 철저히 자유로워지는 그날까지, 우리 조금씩 도량을 넓혀가도록 노력하기로 해요.

---

**심리 용어 해설 사전**                                        **확증 편향**

자신의 가치관이나 기존의 신념 혹은 판단 따위와 부합하는 정보에만 주목하고 그 외의 정보는 무시하는 사고방식과 태도를 말한다.

## 4

# 조급함
급한 게 아니라 절박한 거예요

경험이 나에게 가르쳐 준 것이 있다.

조급함이 우리를 망쳐 버린다는 사실을.

불운도 생명이 있고 한계가 있어 참고 기다리면 그 끝이 보일 것이다.

미셸 드 몽테뉴

"너는 나이에 비해 이미 많은 준비가 되어 있는 것 같아. 자격증도 있고, 저서도 있는데 잠시 쉬어도 되는 거 아니니?"

가끔 안부를 물으면 언제나 무언가를 하고 있다고 대답하는 내게 전 직장 선배가 던진 질문이었습니다. 잠시 멈춰서 생각해 보니, 하긴 가만히 있으면 불안하고 불편한 감정이 밀려오는 건 어쩔 수 없습니다. 물론 내 성격에 조급한 면이 있지만, 어렸을 적 때에 맞춰 해야 할 것들을 제대로 하지 못한 후회와 그로 인한 절박함이 크게 작용하는 것 같습니다. 그래서 타인의 시선이나 인정보다 과거의 나 자신과의 싸움이 더 중요하다고 느낍니다. 이를 해결하기 위해 오늘도 끊임없이 움직이고 있는지도 모르겠습니다.

결국 내가 용납할 수 있는 궤도에 도달해야만 비로소 마음의 평화를 얻을 수 있다고 생각합니다. 그런 안정감을 찾기 위해서는 타인과의 협의를 통해서가 아니라 오롯이 스스로 해결해야 합니다. 내가 무엇을 원하는지, 무엇과 타협할 수 있을지에 대한 고민이 그만큼 중요하다는 이야기입니다.

그런데도 가끔은 'Pause' 버튼을 누르고 싶을 때가 있습니다. 내게 그 버튼은 파울 클레의 1923년 작품 〈줄타기 곡예사〉에서 찾을 수 있습니다. 팽팽한 긴장 속에서 외로이 줄 위에 서 있는 그 모습은 마치 인생의 한순간처럼 느껴집니다. 한 걸음 한 걸음 내디딜 때마다 온 신경이 발끝에 집중되고, 숨조차 쉬기 어려운 그 긴장감 속에서 어쩌면 우리는 모두 비슷한 상황에 처해 있지 않나 싶습니다.

어린 시절, 부끄럽게도 술과 친구들과의 잡담에 시간을 허비하며 살았습니다. 20대 중반에야 겨우 정신을 차리고 자아를 찾기 위해 노력하기 시작했지만, 그 공백을 메우는 것은 쉬운 일이 아니었습니다. 세상을 너무 만만하게 보았던 나는 그저 어리석었죠. 여러 시행착오를 겪은 후, 본격적으로 변화의 첫걸음을 뗀 것은 아마 30대 중반 즈음이었을 겁니다.

자기 관리의 끝판왕으로 알려진 개그맨 유재석의 숏츠 영상을 보고 큰 동질감을 느꼈습니다. 그는 가장 후회하는 게 어렸을 적 멍하니 시간을 보낸 것이라고 했습니다. 나도 지금까지 열정을 놓지 않는 이유는 소중한 때를 놓쳐버린 아쉬움 때문일지도 모릅니다. 그 후회 덕분에 벼락치기처럼 자격증을 따고, 학위를 취득하고, 저술 활동까지 이어가고 있습니다.

인생은 내게 물살을 거슬러 가는 배와 같습니다. 나아가지 않으면 결국 도태되기 때문에, 젊은 시절 항구에 목적 없이 정박해 있던 시간이 아까워서라도 지금은 쉬지 않고 전진해야 한다는 사명감을 느낍니다.

뭉개고 망부석처럼 가만히 있는 것보단, 차라리 조바심을 내거나 초조한 게 낫다고 생각합니다. 넋 놓고 있다가는 이 아까운 시간이 덧없이 흘러가기 때문입니다. 그리고 이것이 마지막일 수도 있다는 생각도 듭니다. 우리가 가진 시간은 그 자체로 소중하고 한정적이니까요.

여러분이 그동안 시간을 허비했다고 느낀다면 잠시 멈추고 돌아보셨으면 좋겠습니다. 지금 이 순간 **과거의 자신과 비교했을 때 정말 만족하는지, 아니면 아직 이루어야 할 게 있는지 깊이 생각해 보세요. 결국 시간을 어떻게 활용하느냐는 온전히 우리의 몫입니다.** 그 시간을 어떻게 보내느냐에 따라, 적어도 남을 탓하거나 핑계를 대는 비겁하고 창피한 행동만큼은 피할 수 있습니다.

## 5

# 강박
행복에 집착할수록 더 불행해진다

행복을 생각하는 순간, 인간은 불행해진다.

존 스튜어트 밀

행복?!

『내가 잘못 산다고 말하는 세상에게』의 저자 정지우는 현재 미국을 중심으로 한 현대사회에서 '행복'이라는 개념에 강박적으로 사로잡혀 있다는 주장에 대해 깊이 공감하며 이렇게 말합니다. "모든 사람이 인생 내내 행복하고 활기차진 않다."

그 말에 나도 모르게 웃음이 나왔습니다. 행복과 활력, 무한한 회복력과 긍정적인 에너지가 넘쳐나는 것보다, 때로는 고요하고 편안하며 가라앉은 상태가 더 나을 수 있다는 저자의 이야기에 전적으로 동의합니다. 모든 삶에는 나쁘고 불행한 순간이 늘 존재하니까요.

그렇다고 해서 그게 반드시 부정적이진 않습니다. 우리는 그런 시기를 이겨내면서 더 나은 방향으로 나아갈 수 있고, 그 과정은 진정한 행복보다 더 가치가 있을 수 있습니다. 모든 사람에게 같은 기준을 적용할 수 없듯이, 행복 또한 각자의 방식대로 존재할 수 있죠.

나이가 들면서 행복을 마치 다른 사람들에게 보란 듯이 전시하는 문화가 유독 불편하게 느껴졌습니다. 특히 리얼리티 예능 프로그램에서 자기 행복을 공개적으로 드러내며 웃고 떠드는 모습을 볼 때, 거부감이 들기도 했습니다. 내가 과민한 걸까요? 특정 개인의 행복을 왜 굳이 공감해야 하는지 의문이 들었습니다. 때로는 일방적인 강요처럼 느껴지기도 했습니다.

누군가는 말했습니다. "부러움은 갖고 싶은 것을 나타내지만, 질투는 그것을 잃어버릴까 봐 두려운 감정이다." 남의 행복에 대해 부러움이나 질투를 느낀다고 생각하지는 않지만 분명한 건 행복을 강박적으로 추구하는 상태에서 벗어나려는 의식적인 노력은 누구에게나 필요하다는 점입니다.

'행복 염려증*Happycondriacs*'이라는 개념을 들어본 적이 있나요? 이는 마치 건강 염려증처럼, 이미 충분히 행복한 상태임에도 더 많은 행복을 추구해야 한다는 심리적 압박감을 느끼는 상태를 의미합니다. 나는 스스로 이 개념에서 완전히 자유롭다고 확신합니다. 행복을 목표로 삼기보다는, 오늘 하루를 편안하게 마무리하는 것만으로도 충분히 만족을 느끼고 싶을 뿐입니다.

어렸을 적 교과서에 나오는 철수와 영희네의 평화로운 집안 분위기와는 꽤 거리가 멀었던 내게 아무 일도 일어나지 않는 고요한 하루가 곧 행복이었습니다. '무슨 일이 일어나지 않으면 그것이 행복이다.'라는 생각으로 자의 반 타의 반 행복에 대한 기대치를 낮추는 훈련을 꾸준히 해온 셈입니다. 탁석산의 『행복 스트레스』에서도 비슷한 이야기가 나옵니다.

사람은 좀처럼 행복해지지 않으므로 행복해지는 데 온 힘을 쏟다 보면 세상을 행복하게 할 시간은 남지 않는다는 겁니다. 이처럼 행복에 대한 기준을 조금 낮추고 나만의 행복 수위를 조절하려면, 행복을 강요하는 환경에서 자신을 스스로 보호할 필요가 있습니다. 예를 들어 나는 자기들끼리 낄낄대는 예능 프로그램을 더 이상 보지 않고, 겉도는 이야기 위주의 모임에는 웬만하면 참석하지 않기로 했습니다.

강요나 강박이 아닌 진짜 '행복'이란 무엇일까요? 그것은 내가 진정으로 원하는 삶과도 연결됩니다. **"능력으로 정상에 오를 수 있지만, 정상에 머무르게 만드는 게 성격이다."라는 말이 있습니다. 여기서 '정상'을 '행복'으로 바꿔보면, 결국 각자의 여정 속에서 행복은 본인의 성격과 취향대로 느끼는 순간들의 집합입니다.** 다시 묻겠습니다. 이 글을 읽고 있는 여러분은 행복한가요? 이 글을 적고 있는 나는 행복할까요? 우리가 지금 느끼고 있는 행복이 강요나 강박이 아닌 진짜 우리의 것인지 한 번쯤 곰곰이 생각해 보는, 심심하고 무탈한 일요일 저녁이 되었습니다.

**심리 용어 해설 사전**　　　　　　　　　　　　　　　강박

어떤 행동을 정형한 대로 해야 한다는 심리적 압박감을 나타낸다. 어떤 생각이나 감정에 사로잡혀 심리적으로 심하게 압박받는 것으로, 자신의 의지와 상관없이 특정한 사고나 행동을 지속해서 반복하는 상태를 말한다. 정신 질환 용어로 강박성 행동 장애, 강박성 성격장애의 줄임말로도 쓰인다.

## 6

# 방어기제 (1)

나쁜 에너지 반사

네 마음을 다스리지 못하면 그 마음이 너를 휘두를 것이다.

부처

예전 직장에서의 일입니다. 사장의 신임을 한 몸에 받은 덕분에 어깨에 뽕이 잔뜩 들어간 그는, 안하무인식의 태도로 거침없이 행동했습니다. 거의 모든 임직원이 그의 눈 아래에 있는 듯했지만 유독 나에겐 어려워하는 기색이 보였습니다. 그 불편한 감정을 온몸으로 전해 받으며, 나 역시 어색함을 느꼈습니다.

궁금한 건 참지 못하는 성격이라, 왜 그럴까? 의문을 품던 중 우연히 이유를 알게 되었습니다. 그는 애초에 나의 입사를 반대했던 사람이었고, 자신이 내 업무 영역까지 완벽히 다룰 수 있다고 강하게 믿었던 거죠. 그래서 내 존재 자체가 불편했을 겁니다. '내 기골이 장대해 그의 레이더망에 자꾸 걸려서 나를 볼 때마다 인상 쓰는 거겠지?' 아무튼 여러 추측 끝에 속으로 '쳇! 아무렴 어때!' 하고 말았습니다.

 예전 같았으면 생각에 생각을 거듭하며 끝을 꽝꽝 찍어야 직성이 풀렸겠지만, 더 이상 그러고 싶지 않았습니다. 첫 번째 이유는 피곤함이었습니다. 그런 사람에게 신경을 쓰고 에너지를 소비하는 것에 이제는 지쳤습니다. 두 번째 그가 나를 대할 때 느끼는 부담감이 점차 측은하게 느껴졌기 때문입니다. 결국 싫어하는 것도, 꺼리는 것도 품이 드는 일입니다. '나 너 불편해. 너와 일하게 된다면 결사반대야.'라는 검은 에너지를 뿜어내는 것도 결국 노력입니다. 그 행위는 당하는 사람이나 하는 사람 모두에게 기운을 소모하게 만듭니다.

 물론 세상에는 굳이 뭘 하지 않아도 보기만 해도 싫은 사람은 있기 마련입니다. 나도 누군가에게 그런 존재일 수 있죠. 끝내 내가 인정하고 싶지 않았던 건, 나 역시 그 '싫은 사람' 중 하나일 수 있다는 사실이었을 겁니다. 만인의 연인까진 아니더라도 적어도 다가오는 사람에게 짖거나 물지는 않는 나인데도, 그런 나를 배척한다는 걸 쉽게 받아들이기 어려웠던 모양입니다.

그런데 말입니다. 그 사실을 용납까진 못하더라도 이해 정도만 해도 더 이상 불필요하게 안테나를 가동하지 않아도 된다는 점에서 오히려 평온함이 찾아옵니다. 예를 들어 어떤 사람이 실력도 없는데 하늘이 도와 승진했다고 칩시다. 그런 모습을 보면 '나도 못하는 임원을 감히 저 사람이 어떻게…. 전생에 몇 나라를 구했나?'라는 마뜩잖은 생각이 들 수 있습니다. 입이 써 축하의 한마디도 내키지 않고, 얄밉고 짜증이 나기도 합니다. 그렇다고 왜 나의 소중한 에너지를 그 행운아에게 허투루 쓰는 걸까요? 내가 힘이 남아도는 천하장사도 아닌데 말이죠.

그리고 옆에 시기와 질투에 사로잡힌 사람이 있다고 합시다. 그런 부정적인 기운을 마구 쏟아내는 이를 보면 조용히 멀찍감치 떨어져 지켜보는 게 상책입니다. 곁에 있다 보면 그 나쁜 에너지가 나에게 전염될 수 있기에 '승진은 하고 싶지만 현실이 따라주지 않으니 저렇게 열등감을 표출하는구나.'라고 생각하고 맞장구치지 않는 게 맞습니다.

헛헛한 마음을 폭발력 있는 험담으로 가득 채울지, '나에게도 혹시 남는 행운이?'라는 희망 하나로 뭔가를 끼적여 볼지, 아니면 아무것도 하지 않고 사회적 거리를 둘지는 전적으로 우리의 선택입니다. 중요한 건 첫 번째만 하지 않으면 된다는 점입니다. 만약 두 번째가 언감생심이라면, 세 번째라도 시도해 보기를 권하고 싶습니다. **나이가 들수록 명확해지는 건 좋은 에너지를 흡수하는 것보다도 나쁜 기운으로 인해 나를 소모하지 않는 게 훨씬 중요하다는 것**, 그것 하나만 짚고 넘어가도 충분히 만족스러울 수 있다고 감히 장담합니다.

---

**심리 용어 해설 사전**　　　　　　　　　　**방어기제**

두렵거나 불쾌한 정황이나 욕구 불만에 직면하였을 때 스스로를 방어하기 위하여 자동으로 취하는 적응 행위. 도피, 억압, 동일시, 보상, 투사 따위가 있다.

## 방어기제 (2)

흐린 눈이 되어보기

> 모든 것에는 균열이 있다. 그래야 빛이 들어온다.
>
> 레너드 코헨

왜 그런 적 있잖아요? 답답해서 내가 다 하겠다고 나섰다가 더 갑갑해지고, 결국엔 이 꼴 저 꼴 보고 싶지 않아 눈을 질끈 감고 싶어지는 순간들. 그럴 때 '흐린 눈'을 떠올립니다.

예전에 상사와 함께 특정 분야 인력 고용 문제로 씨름했던 적이 있습니다. 그가 진지하게 걱정하는 모습에 나도 모르게 감정이입이 되어, '내가 도와주면 조금은 나아지겠지.' 하는 마음으로 나섰죠. 사실 서둘러 상황을 정리하고 싶었던 내 욕심도 한몫했을 겁니다.

처음에는 가벼운 마음으로 일을 거들었어요. 인재가 채용되기 전까지만 보조하는 정도로 생각했죠. 하지만 결과는 예상과 달랐습니다. 내게 돌아온 건 고마움이 아니라 타박이었죠. 물에 빠진 사람을 구했더니, 보따리 내놓으라는 식으로 영화 〈부당거래〉에서의 "호의가 계속되면 권리인 줄 안다."라는 대사가 떠올랐습니다. 서운함과 후회가 쓰나미처럼 밀려왔죠.

그런데 곰곰이 생각해 보니, 이 애매한 감정들은 사실 상사 때문이 아니라 나 자신이 자초한 거였습니다. '내가 도와주면 그가 고마워하고 인정해 주겠지.'라는 은근한 기대감 때문이었죠. 하지만 그의 반응은 내게 오히려 실망으로 돌아왔습니다. 결국 문제는 그가 아니라 인정받고자 했던 내 욕망에 있었습니다.

문득 깨달았습니다. 그때의 '선의'란 남을 돕고자 했던 마음이라기보다는 빨리 그 상황에서 벗어나고자 했던 내 방어기제였다는 것을. 불필요하게 책임감을 떠안고 서둘러 상황을 마무리하려 했던 거죠.

사실 이런 일들은 꽤 자주 있었습니다. 맏딸로 자라며 생긴 희생하고 봉사하는 오래된 생활 태도에서 비롯되었는지도 모릅니다. 뭐든 떠맡고 나서야 직성이 풀리는 성격 덕분에 여러 번 감정적으로 탈이 나곤 했죠. 이제야 알게 되었습니다. '홍반장' 같은 역할은 충분한 역량과 상황을 고려한 뒤에나 가능한 것이라는 걸요.

함광성 작가의 『나에게 괜찮냐고 물어본 적이 없었다』를 읽다가 무릎을 쳤습니다. 저자가 권하는 묘책이 바로 '흐린 눈'이었죠. 보는 걸 명확히 따져보기도 전에 웬만하면 책임지려는 나같은 사람에게 "필요한 순간엔 눈을 감을 줄도 알아야 한다."는 조언은 적절한 말이기도 했습니다. 그때부터 나는 마음속으로 되뇌기 시작했습니다. "그래, 이제는 좀 영민하게 살아보자. 이도 저도 아니라면 둘 중 한쪽 눈은 질끈 감자."

저자는 정말 중요한 건 두 눈을 크게 뜨고 또렷하게 바라보되, 가치가 없다고 판단되는 것들은 흐리게 보라고 합니다. 나이가 들수록 이런 말에 마음이 기울어지는 건, 아마도 오래 가기 위해 지치지 않는 법을 배워야 하기 때문일 겁니다. 선택과 집중으로 몸과 마음을 아끼며 살아가는 전략이 중년인 지금 실제 필요한 시기이기도 하고요.

가끔은 힘을 빼고 널브러져 있어야 합니다. 단단히 마음먹고 이쯤에서 그만두기도 해야죠. 언제까지 두 손 걷어붙이고 맹렬히 나설 수 있겠어요? 이제는 그럴 에너지도 필요성도 느끼지 못합니다. 나이가 들면서 눈도 시리고 쉽게 풀리기도 하잖아요.

그러니 **이제 우리를 보호하기 위한 '흐린 눈' 보급이 시급하다고 생각합니다. 내 상황과 감정을 넘어서는 것만은 막아야 합니다.** 30세라면 30%의 흐린 눈, 50세라면 반쯤 감은 눈으로 살면서 소중한 에너지를 더 이상 낭비하지 않기를. 그렇게 담담하게 오늘을 살아가고, 개운한 내일을 맞이하길 기대해 봅니다.

## 8

## 결핍

기골이 장대한 톰보이가 이 땅에 적응하는 법

완벽해지려고 걱정하지 마라. 어차피 너는 그것을 달성하지 못한다.

살바도르 달리

엄마 뱃속에서부터 발길질이 심했던 나를, 할아버지는 아들일 거로 생각하며 그렇게도 기뻐하셨다고 합니다. 드라마 〈폭싹 속았수다〉의 오애순과 맞먹는 소녀 감성의 어머니는 무뚝뚝한 맏딸인 내가 자신을 빼닮은 나의 남동생과 바꿔 태어났어야 했다고 아쉬워하셨죠. 커다란 덩치와 큰 키를 가진 나는 여성성보다는 남성성이 더 강한 성격을 지닌 채, 한 아이의 엄마이자 한 남자의 아내로 살아가고 있습니다.

어릴 적부터 남자 친구들이 훨씬 많았습니다. 결혼하고 아이를 낳은 후에도 여전히 직장 생활이나 은퇴 후의 계획을 이야기하며 활발히 소통하고 있죠. 아마도 남성들이 넘쳐나는 조선소에서 10여 년을 보낸 덕분에, 원체 부족했던 여성성의 틈에 남성성이 충분히 자리 잡고도 남았을 겁니다. 실제로 어느 회사 면접에서 한 임원이 이렇게 물어보더군요. "외람된 말씀인데, 여성보다는 남성과 일하기 편하시죠?" 아마 나에게서 풍겨 나오는 그 '아우라' 때문이었겠죠.

우리나라 역사상 첫 여성 대통령이 탄핵되고 사라져가면서 "향후 100년간 여성 대통령은 꿈도 꾸지 말라."는 말이 마음 한구석을 참 쓰라리게 했습니다. 그가 여성성을 대표하거나 여성을 위해 일했다고는 전혀 생각할 수 없었기에, 성별이 여성인 자는 대통령직을 꿈꾸는 것조차 불가능한 현실이 더욱 서글프게 다가왔습니다.

오랜 직장 생활을 하며 "여성으로서 힘든 점은 없나?"라는 질문을 자주 받았습니다. 사실 그 물음 자체가 늘 아쉬웠습니다. 지금까지 나 자신을 '여직원'이라 생각한 적이 없기 때문입니다. 나는 그저 사회인으로 살아가고 있을 뿐, 왜 여성으로만 바라보는지 의아했습니다. 세상 곳곳에서 수많은 여성이 전쟁터와도 같은 환경 속에서 굳건히 살아가고 있는데, 그들을 떠올리면 내 고민이 사소하고 불필요한 것처럼 느껴졌습니다.

내가 보여주고 싶은 건 여성으로서가 아니라, 인간으로서 묵묵히 덤덤하게 살아가는 모습입니다. 물론 씩씩하게 살아가지만 때때로 눈총을 받기도 했습니다. 생리휴가를 쓰지 않거나, 엄마나 아내처럼 주변을 살피고 살뜰히 돌보지 않아서 상사나 동료에게 핀잔을 받기도 했습니다. "선배 때문에 눈치 보인다. 동료의식이 없다."라는 말도 들었습니다.

하지만 그런 시선에 크게 신경을 쓰지 않았습니다. 만약 그랬다면, 타인을 만족시키려는 강박감에 시달리며 진짜 내가 아닌 '완벽해 보이는 여성'으로 포장했을지도 모르죠. 마이클 투히그와 클라리사 옹의 『불안한 완벽주의자를 위한 책』에서는 완벽주의가 양자택일이 아니라는 이야기가 나옵니다. 완벽해지려고 지나치게 노력하거나, 아예 포기하는 것 대신 그 사이에서 균형을 찾아 살아가는 법을 배워야 한다는 거죠.

맞습니다. 내 안에는 여성성의 결핍이 그림자처럼 드리우지만 동시에 그게 나를 움직이는 동력이 되기도 했습니다. 더 나은 나를 만들어가고 싶은 욕망이 나를 이끌었습니다. 여성성의 부족에도 불구하고 나 자신을 충분히 이뤄낼 수 있다고 믿었고, 그 믿음이 나를 앞으로 나아가게 했습니다.

이렇게 용감하게 말해 놓고도 여전히 불안정한 건 사실입니다. 그러나 그 불안 속에서도 내가 어떻게 살아갈지, 내 삶을 어떻게 그려갈지 스스로 선택할 권리가 있음을 믿습니다. 중요한 건 **'다른 사람은 어떻게 생각할까?'라는 물음 때문에 짧은 인생을 단 한 순간도 허비하고 싶지 않다는 굳건한 마음입니다.** 타인의 시선이나 평가에 흔들리지 않고, 그저 나 자신을 있는 그대로 받아들이며 살아가고 싶습니다.

아마도 이 말을 가슴속에 품고 싶었는지도 모릅니다. "지금 그대로여도 충분하다."

**심리 용어 해설 사전**                                              완벽주의

이루기를 원하여 끊임없이 노력해야 하는 보다 완벽한 상태가 존재한다고 믿는 신념이다. 자신을 향해 높은 기준을 설정하여 더 높은 성취감을 얻고자 하는 것을 중심으로, 질서와 정돈을 원하는 성향으로 정의하기도 한다.

## 9

# 불안
내 안의 오래된 친구

> 불안은 그 불안 자체가 나를 뒤흔들지 않을 정도로
>
> 나를 키우는 수밖에 없다.
>
> 최진석

포모 *FOMO; Fear of Missing Out* 증후군을 경험한 적이 있나요? 이는 좋은 기회를 놓치거나 소외되는 것에 대한 불안감을 의미합니다. 최근 주식, 부동산, 그리고 비트코인 같은 투자 분야에서 포모를 겪는 사람들이 많다고 합니다. 뭔가를 놓치지 않기 위해 끊임없이 쫓고 있는 모습을 보면, 나도 그 속에 속해야 한다는 압박감을 느끼게 됩니다.

한 해외 대학 연구진에 따르면, 포모 증후군은 다섯 가지 성격 유형과 관련이 있다고 합니다. 그것은 솔직함, 성실함, 외향성, 친화성, 그리고 신경과민성인데, 신경과민성을 제외한 나머지 성격들은 긍정적인 특성으로 분류됩니다. 흥미로운 점은 건전한 성격을 지닌 사람들이 예민한 기질을 가지고 있으면 포모 증후군에 쉽게 휘말릴 수 있다는 겁니다.

나 역시 외향적이고 활달한 성격을 가지고 있어 포모 증후군을 경험하곤 합니다. 더군다나 업무상 SNS를 자주 사용하다 보니, 사람들이 무엇을 보고 어떤 점에 집중하는지 자연스럽게 확인하게 되는데요. 그러다 보면 다른 사람들이 아는 정보는 나도 당연히 알아야 하고, 만약 모르면 뒤처지거나 소외된 기분이 들 때가 많습니다. 그래서 짬이 날 때마다 수시로 핸드폰을 들여다보려고 노력하죠.

그 초조함을 감추기 위해 때론 무진장 애쓰기도 합니다. 불안과 걱정, 염려가 몸에 덕지덕지 달라붙은 것처럼 느껴, 이를 숨기려 가면을 쓰는 듯한 모습을 보이기도 하죠. 왜냐하면 "덩치에 맞지 않게 대범하지 않고 예민하다."라는 말은 정말이지 듣기 싫었거든요. 하지만 내가 그런 감정을 겪고 있다는 게 나만의 문제가 아니라는 걸 알게 되었습니다. 영화 〈파묘〉의 장재현 감독이 모교 졸업식에서 이야기한 것처럼, 너나 할 것 없이 불안을 토로하고 같이 살아간다는 사실에 다소 위로가 되었습니다.

그렇다면 불안과 함께 지내려면 어떻게 해야 할까요? 단순히 불안감을 숨기기 위해 수시로 가면을 쓰는 것만으로는 한계가 있을 수 있습니다. 전홍진의 『매우 예민한 사람들을 위한 책』에서는 예민성을 잘 조절하려면 '선을 넘지 않는 것'이 중요하다고 말합니다. 예민한 감정이 한계에 다다랐을 때 잠시 멈추고, 자신을 풀어주는 시간이 필요하다는 거죠. 이 과정 없이 지나치면 우울증이나 공황장애와 같은 심리적 문제로 이어질 수 있다고 경고합니다.

하지만 선을 넘지 않는 것보다 더 중요한 건 내 감정을 잘 보존하고 살피는 힘이라고 생각합니다. 나의 불안이 어디에서 비롯된 것인지, 혹시 타인에게 잘 보이고 싶은 마음에서 출발한 건지, 아니면 내면에서 자연스럽게 발생하는 것인지를 정확히 파악하는 과정이 필요합니다. 그리고 김경일, 사피엔스 스튜디오의 『심리 읽어드립니다』에서 제시한 일종의 '불안 쪼개기'를 실천합니다. 이는 불안을 세분화하여 그 원인과 영향을 명확히 구분하고, 조금 더 차분하게 다룰 수 있도록 돕는 방법인데요.

예를 들어 오늘 A4 용지 한 장짜리 에세이를 꼭 써야 한다면 100% 다 쓰기 전에 계속 질질 끌면서 스트레스를 받지 말고, 80%만 쓰고 잠깐 쉬었다가 남은 20%를 쓰는 방식입니다. 목표를 잘게 쪼개서 하나씩 해결해 나가는 방법을 통해 부담을 덜어낼 수 있다고 합니다. 즉 불안할 때마다 그 이유를 잘 파악하고, 내가 할 수 있는 것과 없는 것을 나누어 계획을 세우면, 조금씩 불안을 해소할 수 있습니다.

불안은 누구나 겪는 자연스러운 감정입니다. 이를 비정상적으로 여기고 스스로 위축될 필요는 없습니다. 예민하고 초조하다고 해서 서둘러 가면은 쓰는 데 급급하거나 창피할 게 없습니다. **불안을 인정하고 그 감정을 들여다보며 잘 다루는 법을 배우다 보면, 점차 함께 살아가는 법을 터득할 수 있습니다.** 각자의 플레이그라운드에서 잘 관리된 불안과 초조가 자연스레 우리 삶의 동반자가 되어, 하루빨리 자리 잡을 수 있기를 기대해 봅니다.

---

**심리 용어 해설 사전**　　　　　　　　　　　　　　　　　　공황장애

특별한 이유 없이 예상치 못하게 나타나는 극단적인 불안 증상으로, 즉 공황 발작이 주요한 특징인 질환이다. 뇌의 비정상적인 각성 반응이 원인이며 특별한 이유 없이 예상치 않게 나타나기도 한다.

## 10

# 이기심

이기심과 이타심의 경계

우리는 이성적인 존재라기보다는

상상, 격정, 자기 의지 또는 이기심을 내세우는 존재이다.

칼릴 시브란

 아이의 학교 셔틀버스 동선이 이미 확정되었음에도, 10분 거리에 있는 지역에서 추가 인원을 태우는 것에 대한 투표가 단체 채팅방에서 진행되었습니다. 출근 시간의 교통 체증으로 아이의 등교에 혹시 어려움이 생기지는 않을지 걱정되었지만, 나의 아이보다 더 먼 곳에서 학교에 다니는 친구들이 셔틀버스를 이용하면 통학이 한결 수월해질 것 같아 찬성표를 던졌습니다. 그런데 반대하는 사람들도 있더군요.

이 상황을 지켜보며 '더 이상 나누거나 애쓰고 싶지 않은 마음'이 진짜 이기적인 건지 잠시 고민하게 되었습니다. 사전에서 이기심을 '자기 자신의 이익만을 꾀하는 마음'이라고 정의합니다. 그런데 여기서 '만'을 빼면 그리 나쁘지 않은 것처럼 느껴지기도 합니다. 삶이 점점 팍팍해지면서 손톱만큼도 여유가 없어 다른 사람에게 마음을 나누는 게 어려운 경우가 참 많습니다. 그럴 때 '먼저 나를 챙기고 나를 우선시하는 게 이기적인 걸까?'라는 의문이 들었고, 그것이 과연 비난받아야 할 일인지 궁금하기도 했습니다.

최태현의 『이타주의자 선언』에서는 지금 힘들다면 마음껏 이기적이 되어보라고 합니다. 마음이 불편해질 때까지, 다른 사람의 눈치를 볼 때까지, 그 지점을 알아차리면 우리가 어디서 멈춰야 할지 알게 된다고 합니다. 즉 나를 잘 아는 이기심이야말로 이타심의 시작이라는 거죠. 나를 제대로 알면 내 이점을 추구하면서도 그것이 타인을 위한 마음으로 이어질 수 있기 때문입니다.

'저 사람을 실망시키고 싶지 않아서', 또는 '선량한 척하기 위해서' 마지못해 이타적인 행동을 하는 건 실은 나에게 솔직하지 않은 행동입니다. 그것은 내 마음을 넘어서는 주제넘은 행위일 수 있습니다. 그 마음이 진정으로 무엇을 위한 건지 어디에서 비롯되는지 모른다면, 그것은 진정한 이타심이라고 할 수 없습니다. 결국 이기심과 이타심의 기준은 각자가 찾는 것에 달려 있습니다. 내가 나의 심리적 결단을 내린 만큼 그 선택은 진짜 옳은 게 됩니다.

불교에서는 모든 중생이 스스로 존재성을 유지하려고 이기심을 일으킨다고 합니다. 이기심은 '이양심利養心'으로도 불리며, 이는 자신을 기른다는 의미를 담고 있습니다. 이기심을 자신을 성장시키고 존재하는 의미로 바라본다면, 그 어감은 꽤 긍정적이고 가치 있게 다가올 수 있습니다. 즉 착하게 보이기 위해서나 마지못해 이타적으로 되려는 것보다, 자기만족이나 생색내기가 목적이 아닌 내가 진정으로 나를 아는 것이 훨씬 중요할지도 모릅니다.

내가 정말 이기적인 건지 헷갈려 주저하는 분들께, 이양심이라는 단어부터 적극적으로 사용하는 것을 추천합니다. **남**

을 도와야 한다는 강박이나 부담이 있다면 조금은 벗어나, 보다 자유로운 마음으로 자신을 우선시하는 법부터 배워가기를 바랍니다.

## 내면 공부 체크리스트

"열등감, 모욕감에서 벗어날 수 있게 자기감정의 중심 잡기를 하며,

불안을 관리하는 방법을 통해 행복을 정의하고,

긍정적인 에너지를 보존하며 이양심을 실천하는 과정은

어떻게 이루어질까요?"

### √ 열등감과의 대화

열등감을 느낄 때 잠시 멈추고 그 감정이 무엇을 두려워하는지, 내가 그 상황에서 해야 할 역할이 무엇인지 생각해 봅니다.

### √ 감정의 자기 중심 잡기

다른 사람들의 부정적인 행동에 지나치게 영향을 받지 않도록 노력하며, 감정의 노예가 되지 않도록 주의합니다.

### √ 모욕감과 피해의식, 복수심에서 벗어나기

다른 사람의 오해나 부당한 대우로부터 상처받지 않도록 하며, 휘둘리지 않는 자신의 감정을 소중히 여깁니다.

### √ 시간 활용의 중요성
과거를 돌아보고 현재를 어떻게 활용할지 깊이 생각하며, 남을 탓하거나 핑계를 대는 어리석음을 범하지 않습니다.

### √ 행복의 정의
행복은 타인의 인정이나 시선으로부터 오는 게 아니라, 자신이 진정으로 원하는 삶을 살아갈 때 느끼는 것임을 기억합니다.

### √ 긍정적인 에너지 보존과 나쁜 기운의 차단
나쁜 기운에 휘둘리지 않도록 자신을 보호하고 적당한 거리를 두며, 좋은 에너지를 흡수하는 것을 우선시합니다.

### √ 불안의 관리
불안을 자연스러운 감정으로 받아들이고 잘 다루는 방법을 스스로 터득합니다. 특히 예민한 사람들은 불안을 인정하고 함께 살아가는 걸 하루빨리 받아들이도록 합니다.

### √ 이양심 사용

이기심보단 이양심이라는 단어를 사용하면서 자신을 우선시하며, 자신을 알고 성장하는 것의 중요성을 깨닫도록 노력합니다. 타인을 돕는 것에 부담과 강박을 내려놓고, 보다 자연스러운 마음에서부터 시작합니다.

2장

# 흔들리는 마음을 다독이며

단념, 주의 산만 등 마음의 혼란을 다루고
이를 극복하기 위한 실천적 접근을 제시하며
감정의 균형을 맞추는 방법을 탐구합니다.

## 마음 기록 노트

이 장을 읽기 전, 마음의 혼돈을 찾아왔을 때 이를 살펴보기 위한 자신만의 방법이 있다면 생각해 보고, 작성해 보길 바랍니다.

☐ 마음의 혼란을 정리하기 위해 감정을 다루는 방법에 대해 고민해 본 적이 있나요?
☐ 스트레스나 분노를 처리할 때, 주로 어떤 방법을 사용하나요? 효과적이었나요?
☐ 억울함이나 복수심을 느꼈을 때, 그것을 성장의 원동력으로 바꾸는 것이 가능하다고 생각하나요?

## 1

# 단념

쉽지는 않겠지만 때론 무심하게

체념이 아닌 단념으로, 아집이 아닌 아량으로, 자만이 아닌 자긍으로.

박노해

전 직장 동료를 집으로 초대해 점심을 함께했습니다. 그동안 퇴근 후 치킨과 맥주로 시간을 보내곤 했는데, 내가 차린 식사로 같이한 건 이번이 처음이었죠. 그동안 몰랐던 그의 고생담을 들으며, 특히 간호 관련 자격을 취득하려고 종일 학원에서 공부하는 모습을 그려보니 안쓰러웠습니다. 나이가 들어 의자에 엉덩이를 붙이고 있는 게 얼마나 힘든지 잘 알기에 괜스레 마음 한편이 먹먹해졌습니다.

'쉰이 넘은 아줌마를 누가 써주겠는가.'라는 생각에 과감히 이직을 포기하고 25년간의 엔지니어로서 직장 생활을 뒤로한 채 제2의 인생을 준비하는 모습에서, '쉿! 소리 없이 강한 차, 레간자'란 오래된 광고 문구가 생각나더군요. 그 누구보다도 강해 보였고, 심지어 위풍당당해 보이기까지 했습니다.

그 모습을 보며 문득 3년 전 임기제 공무원 생활을 마친 후 구직 활동을 했던 내가 떠올랐습니다. 그때는 불안함에 휩싸여 정신없이 수십 번의 입사 지원서를 제출하며, 가만히 있으면 손이 떨릴 정도로 초조했던 기억이 납니다. 어떻게든 만회하고자 자격증을 따거나 책을 쓰는 데 심혈을 기울이며 악착같이 살아왔던 시간이었습니다.

일본의 극작가 소노 아야코의 『나는 이렇게 나이 들고 싶다』에서 노년기에 필요한 네 가지를 '허용', '납득', '단념', '회귀'라고 했습니다. 이 중 '회귀'를 제외한, '허용', '납득', '단념'이 40대 이후의 삶에서 가장 중요하다고 생각합니다. 특히 '단념'은 삶의 중요한 전환점을 나타냅니다.

'단념'은 마치 자동차가 저단 기어로 변속해 속도를 줄이는 것처럼, 지금까지 내달려온 삶을 잠시 멈추고 내 위치를 점검하는 일종의 다운시프트 과정입니다. 그동안 나는 줄곧 앞만 보고 달려왔습니다. 하지만 이제는 내 삶의 이상과 현실 사이의 틈을 메우며 불필요한 욕심을 내려놓고 정리하며 버려야 한다는 다짐을 하게 됩니다.

그와 비교하며 드는 생각은 '내가 아직 단념하지 못한 채 계속해서 무언가를 움켜잡고 있는 것은 아닐까.'라는 거였습니다. 나는 여전히 내 욕심과 남의 시선에 휘둘리며, 내 삶을 놓지 못하고 있었습니다. 그래서 그의 모습이 더 대단하게 느껴졌습니다. 그는 현실과 이상 사이에서 빠르게 접점을 찾고 타협하며 나아가고 있었던 반면, 나는 지금도 뭔가 포기하지 못하고 거추장스러운 것들에 포위된 건 아닌지 싶었습니다.

통계청 국가통계포털*KOSIS*에 따르면, 지난해 40대 취업자는 총 617만 9,000명으로, 전년 대비 8만 1,000명 감소했다고 합니다. 이는 한국 경제에서 중요한 역할을 하는 40대 취업자의 수가 최저치를 기록했음을 의미합니다. 많은 사람이

"눈높이를 맞추세요."라고 말하지만, 실제로 자신에게 닥치면 결코 쉬운 일이 아닙니다.

나 역시 치열하게 취업 전선에서 발버둥을 쳐봤고 지금도 현재 진행형이기에 우리의 노력이 절대 부족하지 않다는 걸 너무나 잘 압니다. 짐작하건대 실제 모자란 건 우리의 애씀이 아니라, 사회가 제공한 기회들입니다. 고질적인 내수 부진이 고용 시장에 미친 부정적인 영향은 분명하며, 그 부분에 대해 정부와 사회는 더 많은 책임을 지고 반드시 해결책을 모색해야 합니다.

사회의 역할은 우리가 '체념'하지 않도록 돕는 것입니다. 여기서 주의 깊게 봐야 할 건 '체념하지 않게'라는 겁니다. **체념은 희망을 버리는 것이지만, 단념은 미련 없이 과거를 내려놓는 겁니다.** 사회는 우리가 회한 없이 과거의 영광을 뒤로하고, 절망과 고립에서 벗어날 수 있도록 손을 내밀고 기다려주어야 합니다. 지금처럼 다그치고 채근하지 말고요.

소노 아야코가 말한 것처럼, 단념은 최고의 예술이자 지혜로운 어른만이 할 수 있는 행위입니다. 덤덤히 인생 2막을 열어가는 옛 동료의 모습에서 또 다른 평안과 안정을 느꼈습니다. 그런 평온은 쉽게 찾아오지 않으며, 우리가 단념할 수 있는 시간을 버텨야 가능하다는 것을 깨달았습니다. 그만큼 우리 사회와 이웃들도 인내하며 기다려주기를 바랄 뿐입니다.

이제는 "눈높이를 맞추세요."라는 말 대신, 손부터 살며시 내밀어 주고 곁을 내어주는 게 어떨는지요. 나도 언젠가 맞이할 평온을 꿈꾸며, 우리 잘할 수 있을 거라 믿습니다.

## 2

## 주의 산만
산만한 금쪽이 처방법

> 주변을 정리하면 마음의 평화가 찾아온다.
>
> 그레첸 로빈

요즘 거실 마루를 보면 줌바 연습을 제대로 하고 싶을 정도로 기분이 좋아집니다. 며칠 전 그동안 묵은 때로 잔뜩 더럽혀졌던 바닥을 전문 세정제와 수세미로 닦아내어 반짝이게 했어요. 다른 사람들이 보면 "그게 그렇게 기쁠 일이야?" 하고 웃을지도 모르겠지만, 내겐 장족의 발전이자 과감한 도전이었습니다.

사람이 갑자기 달라지면 죽을 때가 가까워졌다고 하죠? 나이가 들어서 그런 건지 아니면 무슨 계기가 있어 변한 건지 아직까지 모르겠습니다. 예전에는 지방 근무 시절 기숙사의 더러운 환경을 자초한 탓에 심각한 피부병을 앓았던 내가 이렇게도 달라질 수 있다니 놀라울 뿐입니다. 사실 청소를 별로 좋아하지 않았고 주변 정리도 대강 했거든요. '대충'이란 말을 입에 달고 살았던 내가 이렇게 변화할 수 있다니 그저 신기할 따름입니다.

지금은 내 주변을 가지런히 정리하고 있습니다. 예전에는 일어난 자리를 발로 쓱쓱 치웠지만, 이제는 이불을 개고 화장실 변기도 3일에 한 번씩 청소합니다. 샤워 후에는 머리카락을 하나하나 찾아 변기 물에 내려보내며, 두 번 입은 옷은 무조건 빨래통에 넣습니다. 패딩 점퍼나 코트도 마찬가지입니다. 물빨래가 어려운 옷은 빨래방에 수시로 맡깁니다.

나의 소소하지만 확실한 행복은 특히 빨래 후 향기와 여유에 있습니다. 건조기에서 갓 나온 옷들의 포근한 화이트 머스크 향기를 맡는 게 큰 즐거움입니다. 킁킁 그 향내를 맡으며 한참 동안 기분 좋고 산뜻한 여유를 느낍니다. 또 매달 거실 카펫을 들고 가까운 24시간 셀프 빨래방에 가서 세탁과

건조를 합니다. 그곳에서 책 한 권을 읽으며 근처 카페에서 가져온 카페라테 한잔을 마시는 시간은 어느 섬에서 모히토 한잔 마시는 여유와 비슷하게 느껴집니다.

대부분 사람은 소확행을 '소비'로 이해하기도 합니다. 고가의 옷 대신 명품 립스틱을 사서 기분을 낸다거나, 유럽 대신 이국적인 제주도로 여행을 가는 방식이죠. 물론 이런 소비가 일시적인 만족을 줄 수 있지만 그 이면에는 '나는 이 정도는 소비한다. 그래서 만족한다. 그런데 너는?'이라는 과시적인 욕구가 숨어 있을 수 있습니다. 결국 행복의 본질은 흐려지고 무엇을 소비할지에 대해서 갈증만 커지게 되죠.

김난도 외 9인의 『트렌드 코리아 2025』에서 올해 소비 트렌드로 '아보하'를 꼽았습니다. '아보하'는 과시적인 소확행과는 달리, 평범한 일상에서 소소한 행복을 찾는 '아주 보통의 하루'의 줄임말입니다. 특별한 일 없이 무탈한 일상에 대한 감사의 마음을 뜻합니다. 오로지 자신에게 집중하는 태도죠. 그러고 보니 내가 한 청소는 소확행보다는 '아보하'에 더 가까운 것 같습니다. 다른 사람들이 "이게 뭐라고?" 하더라도 전혀 개의치 않고 온전히 나와 내 자리를 위한 것이니까요.

 일본의 경제학자 오마에 겐이치는 그의 책 『난문쾌답』에서 인간을 변화시키는 세 가지 법칙을 제시합니다. 첫째, 시간을 달리 쓰기, 둘째, 사는 곳을 바꾸기, 셋째, 새로운 사람을 사귀기. 이 세 가지 법칙은 지금 내가 하는 청소와 완벽하게 맞아떨어진다고 생각합니다. 그동안 늘 어지러이 펼쳐놓았던 시간을 이제는 가지런히 정리하고, 내 주변을 신경 쓰며 정돈하고 있다는 점에서 새로운 변화를 느끼고 있습니다. 사실 '정리정돈'이라는 소중한 친구를 느지막이 사귄 것 같은 기분입니다.

 돌이켜보면 최근 이직 문제와 아이 교육 등 내 안의 수많은 생각들이 가끔 뒤엉켜 흐트러져 있을 때가 있었습니다. 이제는 한층 더 명확하고 또렷해지는 것 같아요. 이는 우에니시 아키라의 『둔감력 수업』에서 말하는 무아無我, '지나친 자의식을 없애고 정신적인 평온함을 얻는다.'라는 개념과 연결됩니다. 식사를 준비하거나 청소하는 등 일상의 일을 하면서 불필요한 생각을 배제하고 해야 할 일에 집중하면, 나를 잊고 무아의 경지에 도달할 수 있습니다.

　소화행이든, 아보하든, 무아든, 소비보다는 생산적이고 건강한 삶을 살아가며 청결과 정리정돈을 친구 삼아 이 시간을 즐기길 바랍니다. **만약 삶이 복잡하고 어지럽다면, 우선 집안 청소부터 해보세요.** 아마 작은 변화가 큰 차이를 만들 수 있을 겁니다.

## 3

## 침잠

온전한 평온이 필요할 때

평온은 일관된 생각과 행동이 가져오는 영혼의 조화다.

시바난다 사라스와티

"등뼈가 부러질 것처럼 아프고 창자가 끊어질 것처럼 힘든 고통 속에서, 그저 편안해지고 싶다."

이 말은 한 지상파 기상 캐스터가 자살을 시도하며 남긴 당시의 고백입니다. 직장 내 괴롭힘에 시달리며 세상을 떠났다는 의혹이 제기되며, 유족 측이 그의 유서를 전했습니다. 그 고통이 얼마나 깊고 참담했을지, 그 안에 담긴 아픔을 감히 짐작하기 어렵습니다. 이 기사를 처음 접한 장소는 자주 찾는 비브리오세라피 공간인 도서관이었을 것입니다.

'비브리오세라피', 즉 '독서 치료'는 20세기 영국의 건강보험공단에서 처음 언급되었고 고대 이집트 알렉산드리아 도서관 입구에도 '영혼을 치료하는 장소'라는 문구가 새겨져 있었다고 합니다. 실제 나의 비브리오세라피는 30대 이후로 오로지 책 속에서 이루어졌습니다. 회사 생활과 여러 가지 스트레스로 힘든 시기를 겪을 때마다, 그 무거운 생각들을 잠시 내려놓기 위해 책 속에서 위로를 찾곤 했습니다. 그게 내 유일한 숨구멍이자 위안이었습니다.

돌이켜보면 한때 왕따의 기억들이 있습니다. 첫 경험은 초등학생 때. 그 이유는 명확하지 않지만 아마도 몇몇 힘 있는 친구들과의 불화가 원인인 듯합니다. 그들을 볼 때마다 가슴이 뛰었고, 눈을 마주치는 것조차 두려웠습니다. 조직적으로 따돌림을 받았던 나는 점점 더 소외되었고, 그로 인해 방과 후 혼자 시간을 보내며 우울한 날들을 보냈습니다. 당시 이층집에 살았고 늘 창문을 열어놓곤 했습니다. 멀리서 들려오는 아이들의 노는 소리를 들으며 긴 한숨을 쉬었죠. 그때 〈토지〉라는 드라마가 인기를 끌었고, 그 장면들을 곱씹으며 외로움을 달랬습니다.

학년이 끝나 전학을 가고, 나를 괴롭혔던 주동자 친구의 소식을 한동안 잊고 지냈습니다. 그러던 중 그를 다시 만났습니다. 참 이상하게도 그가 보고 싶어 기대를 품기도 했지만, 어릴 적 내게 커다랗고 두꺼운 벽 같았던 존재가 별것 아닌 것처럼 느껴지더군요. 진짜 거짓말처럼 감쪽같이요. 나의 기억 속 감정들이 왜곡된 것 같다는 생각마저 들었습니다.

그때 깨달았습니다. '지나고 나면 사실 아무것도 아니었는데, 내가 그 감정을 너무 오래 묵혀두었구나.' 그대로 담아두지 말고 삼켜보는 게 중요하다는 걸 알게 되었습니다. 하지만 그 전에 해야 할 일이 있습니다. 감정의 끝까지 한 번쯤은 가보는 것입니다. 한숨도 쉬어보고, 울어보며, 분노하고 아파한 후에야 비브리오세라피든, 드라마세라피든, 정신과 상담이든 나만의 방법으로 치유를 시작해야 한다는 것입니다. 그래야만 그 감정을 잘 다루고 소화할 수 있습니다.

때로는 천하의 예쁘고 깜찍한 걸그룹 '아이브'의 장원영을 싫어하는 사람도 있습니다. 나도 마찬가지로, 누구에게나 사랑받을 수는 없다는 것을 알게 되었습니다. 왕따의 아픈 기억이 여러 번 있다고 해서 그 괴로운 과거들이 매번 반복되는 것도 아닙니다. 감정을 삼키고 그럭저럭 견디다 보면, 사실 모두와 잘 지내는 사람은 없다는 것을 깨닫게 됩니다. 그리고 한 사람이라도 소중한 관계를 만들어 나가면 사람으로부터 받은 상처나 나쁜 기억들은 점차 희미해집니다. 이제는 주위의 소외된 사람들에게 더 눈길이 가고, 한 번이라도 따뜻한 눈빛으로 바라보는 여유도 생겼습니다.

그래서 생각합니다. 모든 것이 나쁘지만도 모든 것이 좋지만도 않은 게 바로 우리 인생이라는 사실을요. 그 힘든 시간을 지나왔기에 이제 와 이런 이야기를 하는 것이 누군가에게 와닿지 않을 수도 있습니다. 하지만 **무엇보다 중요한 것은 스스로와의 소통입니다. 그리고 감정의 밑바닥까지 가보고 결론을 짓는 것. 특히 감정의 지하를 지금 지나고 있는 이에게는 어쩌면 큰 위로가 될 수 있을 것입니다.** 내가 겪었던 힘든 시간이 절대 헛되지 않았다는 것을, 그것이 결국 나를 다시 일으켜 세운 원동력임을 깨닫는 순간이 온다는 것도요.

안광복의 『철학으로 휴식하라』에서는 태풍이 부는 이유가 내 인생을 결딴내기 위해서도, 내 일상을 힘들게 하려는 경제 상황의 꼬임 때문도 아니라, 세상이 되어야 할 대로 흘러갈 뿐임을 설명하며, 필연으로 받아들이라는 스피노자의 이야기를 전합니다. 우리의 마음이 누군가로 인해 힘든 처지에 놓여 있다면, 그것을 진정시키고 온화하게 할 수 있는 것은 오직 우리 자신이라는 사실을 기억해야 합니다. 그렇게 우리는 차츰 안정을 찾을 것이며, 보다 밝은 마음과 조금은 펴진 두 어깨를 가질 수 있을 것이라 믿습니다. 부디 고인의 명복을 빕니다.

---

## 4

## 복수심

망각이 나를 자유롭게 하리라

어떤 모욕을 당할 때마다 복수하고 싶은 기분을 멀리하기 위해
무덤 속에 조용히 누워 있는 나 자신의 모습을 상상하던 시절이 있었다.
그러면 나는 이내 **누그러지**곤 했다.

에밀 시오랑

오전 내내 마음을 졸였습니다. 여름 동안 주말마다 실습했던 일지를 포함한 서류 일체에 대한 통과 여부를 기다리고 있었기 때문입니다. 교수님 사무실로 서류를 무사히 제출했음에도 불구하고 한 달이 넘도록 아무 연락이 없다가, 기한을 며칠 남겨두곤 수정하라는 통보를 갑작스럽게 받았습니다. 모든 절차와 일정을 지켰지만 무시당한 기분이 들었고 불쾌했습니다. 결국 곤조에 당한 셈이었습니다.

국어사전에서 '곤조'를 찾아보니 '근성'의 비표준어라고 합니다. 보통 근성은 질긴 정신력을 뜻하지만 지나치면 고집이나 불통이 됩니다. 내 경우 결정적인 순간에 타인의 곤조와 자주 마주하게 되는데요. 왜 자꾸 이런 상황에 처하게 되는 건지, 혹시 사사건건 바로잡으려는 내 성향에 문제가 있는 건 아닌지 되돌아봤습니다. 그러다 순간 홧김에 교육원에 민원을 넣어 내가 옳고 억울하다는 것을 증명하고 복수해 볼까 고민하는 못난 자신을 발견하게 되었습니다.

『이시형의 신인류가 몰려온다』에서 저자는 중년의 터닝포인트를 '나'보다는 '타인지향'으로 보았습니다. 내 기준에 맞춰 기분 나쁜 것을 지적하거나 훈수 둘 필요가 없다는 뜻이죠. '수처작주 입처개진隨處作主 立處皆眞', 즉 '머무르는 곳에서 주인이 되면 그곳이 바로 진리의 자리'라는 말을 빗대어 생각해 보면, 그는 교수로서 최선을 다했지만 그 과정은 내게 곤조처럼 느껴졌던 것이었습니다. 그러나 나는 학생으로서 맡은 바 소임을 하는 걸로 결론을 내리면 되었습니다. 비록 자존심이 상하고 상황이 구차하더라도, 결국 원하는 바를 얻기 위해서는 내가 숙여야 한다는 걸 깨달았기 때문이죠.

**2장** 흔들리는 마음을 다독이며

불평불만을 잠시 잊고 머릿속 새로 고침 버튼을 눌러 자세를 바로 고쳐 앉았습니다. 그리고 오후 3시부터 6시까지 단 3시간만 통화가 가능하다는 교수님께, 2시 59분에서 3시로 넘어가는 시곗바늘을 확인하고 때맞춰 전화를 걸었습니다. 청룡영화상에 준하는 수준 높은 연기로 수정할 부분을 최대한 공손히 여쭙고, 당장 고쳐서 출력해 빠른 택배로 보내겠다고 말씀드렸습니다. 마음에도 없는 '감사'를 침이 마르도록 여러 번 내뱉었습니다.

그때 영화 〈이터널 선샤인〉이 문득 떠올랐습니다. 이 영화에선 프리드리히 니체의 "망각하는 자는 복이 있나니, 자신의 실수조차 잊기 때문이다."라는 말이 나옵니다. 소중한 경험이라도 혹시 오늘과 내일을 살아가는 데 걸림돌이 된다면, 오히려 잊는 편이 더 낫다고 합니다. 맞습니다. 모든 것이 자연스러워지려면 복수하려는 마음을 멀리하고, 의도적으로 기억의 회로를 무너뜨려야 합니다. 그 복수심의 기원은 어쩌면 나의 곤조일 수 있기에 **적당한 망각은 어느 곳, 어느 처지에서든 주관을 잃지 않고 자기 주인이 되라는 '수처작주 입처개진'을 온전히 받아들이는 길임을 깨달았습니다.** 무엇이든 바로잡고 이겨먹으려 했던 마음을 놓아버리니 한결 편해졌습니다. 그 어느 때보다 차분한 오후를 맞이하게 되었습니다. 망각과 깨달음 그 어딘가에서….

> **심리 용어 해설 사전**                                                          망각
>
> 개인의 장기 기억 속에 이미 저장되었던 정보를 잃어버리는 현상으로, 기억의 반대 현상 전에 경험 또는 학습한 것을 상기하거나 재생하는 능력이 일시적 또는 영속적으로 감퇴 및 상실되는 것이다.

## 5

# 분노
그저 묵묵히 견딜 수밖에

분노를 품은 상태로 지내는 동안,

당신은 정신적인 평화의 60초를 포기한다.

랄프 왈도 에머슨

예전 회사에서 있었던 일입니다. 다른 팀의 동료 대신 발표를 맡게 되어 출장을 가게 되었습니다. 예상 Q&A까지 달달 외워 완벽을 기했기에 무사히 잘 마쳤습니다. 안도감에 와인 몇 잔을 마시며 관계자들과 스몰토크를 나누고 친목을 도모하는 뒤풀이도 즐겼습니다.

돌아온 직후 상사가 나를 불렀습니다. "정말 잘했냐?"라는 의심 섞인 질문을 던지더군요. 발표뿐만 아니라 회사 기술에 관심 있는 투자자들과 명함을 교환하고 다음 미팅을 잡으면서 주최 측 인터뷰까지 촬영했다고 말하자, 상사는 그제야 고개를 끄덕였습니다. 그런데 나중에 알게 된 사실은 그 후배가 부득부득 본인이 가야 한다며 비행기까지 알아봤다는 것이었습니다. 유학파인 자신보다 누군들 영어 실력이 낫겠냐며 나를 은근히 깎아내리기도 했다는 거죠.

순간 황당하고 화가 났습니다. 예전 같으면 "그깟 유학 다녀온 네가 뭐가 그리 대단한데?"라며 따졌을지도 모릅니다. 하지만 이상하게도, 그때는 얼굴이 약간 달아오르며 피식 웃어 넘길 수 있었습니다. 예전엔 그처럼 남을 이겨야겠다는 열망이 가득했지만, 이제는 그런 경쟁심이 가득하고 오만한 마음이 얼마나 불쌍하게 느껴지는지 모릅니다. 남을 비판하는 데만 주로 몰두하는 사람들을 보면, 그 열정이 오히려 안쓰럽고 안타깝다는 생각마저 듭니다.

시간이 지나면서 점차 더 영민하게 생각하게 되었습니다. 남을 깎아내리는 사람들의 감정에 휘둘리지 않으려 노력하고 있습니다. 나이가 들수록 에너지가 화수분이 아닌지라,

분노에 온 힘을 쏟는 것이 비효율적이라는 걸 알게 되었습니다. 그런데도 가끔 화가 치밀어 오를 때면, 나의 갈 길이 얼마나 멀고도 험한지 실감하게 됩니다. 아예 다시 태어나야 할지도 모른다는 생각도 듭니다.

심리학자 배르벨 바르데츠키는 『나는 유독 그 사람이 힘들다』에서 건설적인 분노는 자기통제하는 힘이 되고, 그 힘은 자신을 위해 쓸 수 있게 한다고 말합니다. 즉 쓸데없이 분노를 다른 사람에게 터뜨리기보다는 자신을 보호하는 데 사용하는 게 중요하다는 겁니다. 분노의 방향을 바꾸는 것이 핵심이라는 말이죠.

맞습니다. **벌컥 화가 나는 상황을 담담하게 받아들이는 게 필요합니다. 짜증이나 분노가 몰려온다면 일단 눈앞의 일부터 집중하세요.** 업무든 집안일이든 뭐든 무심히 열심히 하다 보면, 마음속 들끓었던 감정은 어느새 가라앉고 평온해지기 마련입니다. 이를 위해서는 일정 기간의 연습이 필요합니다. 마음을 다스리고 정신을 가다듬는 일은 결국 자기 자신의 몫입니다.

누군가에게 "네가 감히 날 헐뜯어?"라고 화를 내는 것은 자연스러운 반응일 수 있습니다. 그러나 중요한 건 그런 감정에 휘둘리게 되면, 그 사람의 말이나 행동이 내 마음속에 박히고 자국이 남게 된다는 점입니다. 결국 내가 그 사람 때문에 불편한 직장 생활을 하게 되고 나 스스로 손해를 보게 되는 거죠.

따라서 모든 것을 내려놓고 무엇에도 얽매이지 않는 마음으로 상대를 대하는 게 최선의 방법입니다. 마음에도 없는 말을 하거나 아부할 것까진 없지만, 때로는 여유를 가지고 옅은 미소를 지으며 "오늘 퇴근 후 좋은 약속이라도 있나 봐요?"라는 가벼운 인사를 건넨다면 오히려 상대는 당황할지도 모릅니다.

아마 지금까지도 알지 못할 것입니다. 그가 날 험담했다는 사실을 내가 알고 있다는 것을요. 칭찬까진 아니지만 매일 그를 상냥한 미소로 대했으니까요. 이처럼 담담히, 적어도 은퇴할 때까진 마음의 소소한 여유를 잃지 않으려 노력할 것입니다.

세상은 온통 '남 탓, 네 탓, 너희 탓'뿐인데, 〈나는 자연인이다〉 같은 프로그램을 보면 마음이 편안해지고 안정을 찾곤 합니다. '자연인 모드'를 켜고 사회적 거리를 유지하며 관조적인 자세를 지니고 싶을 뿐입니다. 여러분은 치밀어 오는 분노를 어떻게 고요히 견디고 있나요?

> **심리 용어 해설 사전**　　　　　　　　　　　자기통제
>
> 장기적인 보상을 얻기 위해 혹은 처벌받지 않기 위해 자신의 감정, 행동, 욕망을 통제하고 단기적인 쾌락과 만족을 미루는 능력이다.

## 6

## 억울함

성장의 원동력을 만드는 비법

> 억울함을 당해서 밝히려고 하지 마라.
> 억울함을 밝히면 원망하는 마음을 돕나니, 그래서 성인이 말씀하시되
> 억울함을 당하는 것으로 수행을 삼으라 하셨느니라.
>
> 석가모니

'억울함'은 사람을 괴롭히며 마음의 평화를 앗아갑니다. 나 역시 이 감정에 자주 시달렸고, 특히 공직에 있을 때 직무 수행 자격을 둘러싼 소문들로 인해 자다가 꽉 막히는 가슴을 부여잡고 벌떡 일어나던 기억이 있습니다. 최근에는 "세상이 나를 너무 억까억지로 까다'의 줄임말해."라는 표현을 통해 부당한 대우에 대해 억울함을 토로하는 경우가 많아지기도 했죠.

유영근의 『우리는 왜 억울한가』에서 억울함은 '잘못된 일

**2장** 흔들리는 마음을 다독이며

의 책임이 자신에게 없다는 전제'에서 비롯된다고 설명합니다. 억울함은 자신이 잘못하지 않았는데 꾸중을 듣거나 벌을 받을 때 느끼는 분노와 답답함에서 시작되죠. 억울함은 결국 자기 기준에서 공정하지 않다고 느껴지거나 정의가 실현되지 않았다고 생각할 때 발생하는 감정입니다.

"억울하면 출세해라."라는 말처럼 많은 사람들은 억울한 감정을 억누르고 외적인 성공을 통해 이를 해소하려고 합니다. 그 과정에서 자신이 겪었던 억울함을 다른 사람에게 되갚으려는 이들도 많습니다. 그들은 자신의 상처를 되새기며, '출세'라는 방법으로 풀어내려고 하죠. 하지만 여성학자 정희진은 "억울하면 바로잡으면 되지, 꼭 출세까지 해야 하는가?"라는 질문을 던지며, 외적인 성취에 집착하지 말고 본질적인 문제를 바로잡는 데 집중하자고 제안합니다. 이 말에 깊이 공감합니다.

아르투어 쇼펜하우어는 "무게중심이 바깥에 있는 사람은 출세와 명예를 추구하며 즐거움을 찾고, 내면에 집중하는 사람은 예술, 철학, 문학을 가까이하며 고요한 시간을 보낸다."

고 말했습니다. 그렇다면 우리는 왜 외적인 출세만을 목표로 삼고 외부의 인정에 의존해야 하는지 되돌아봐야 합니다. 짧은 인생에서 우리의 중심추를 외부에 놓는 게 우리가 진정으로 추구하고자 하는 옳은 방향일까요?

특히 마흔을 넘기면서 외적인 성공이나 인정보다는 내면의 성장에 더욱 집중해야 한다는 생각이 듭니다. 물론 노력과 성취는 중요한 가치입니다. 그러나 지나치게 집착하다 보면 현실감각을 잃고 타인과의 관계에서 균형을 잃을 수 있습니다. 억울함을 되갚는 것이 내 감정을 해소하는 방법인지, 그로 인해 만족을 느끼는 것인지, 내가 진정 원하는 것이 무엇인지 성찰할 필요가 있습니다. 문득 이태백의 시구가 떠오릅니다. "억울함을 당해도 변심하지 않으면, 그때 비로소 군자임을 알게 된다. 수굴불개심 受屈不改心, 연후지군자 然後知君子"

임아영의 『떠날 수 없는 관계는 없습니다』에서 말하는 '수용'의 개념을 억울함에 적용할 때 흥미롭습니다. **수용은 단순히 포기하는 것이 아니라, 내가 변화하려는 의지를 다지고 적극적으로 나아가는 과정입니다.** 억울함을 담담히 받아들

**이고, 그럼에도 불구하고 성장하려는 자세가 그만큼 중요하다는 의미입니다.** 즉 변화는 외부에서 오는 것이 아니라, 내가 그것을 어떻게 받아들이고 발전하는지에 달려 있다는 점에서 큰 교훈을 얻습니다. 그렇게 된다면 결국 억울하게 덤터기를 쓰더라도 언젠가는 사실이 밝혀져 그 누명을 벗을 수 있게 된다, 즉 "도적의 때는 아무 때건 벗는다."는 말이 딱 들어맞을 별의 순간은 반드시 오리라 믿습니다.

그동안 내 고군분투와 끈질긴 노력이 억울함에서 비롯된 것은 아닌지 그 과정에서 얻은 성찰이 무엇이었는지 고민하던 어느 날 새벽, 나는 모든 일은 반드시 바른길로 돌아간다는 '사필귀정事必歸正'의 의미를 다시금 되새기게 되었습니다. 여기서 말하는 바른길이란 결국 내 힘으로 성장하고 나아가는 길이라고 생각합니다. 이 글을 읽고 있는 여러분과 언젠가 같은 길에서 마주할 수 있기를 진심으로 바랍니다.

## 7

## 편협심

도량은 좁아도, 표현은 넓게

사람은 누구나 자신이 하는 말에 의해서 자기 자신을 판단받게 된다.
원하든 원치 않든 말 한마디 여하가 남 앞에 자신의 초상화를
그려놓는 셈이다.

랄프 왈도 에머슨

극단적인 사고가 나날이 확산되고 있는 오늘날, 우리는 종종 이해하기 어려운 상황들을 마주하게 됩니다. 특히 오랜 시간 알고 지내던 주변 사람들의 생각이나 말투가 달라졌다는 점에서 큰 변화를 느낍니다. 주로 SNS나 직접적인 대화를 통해 접하게 되는데, 인지 편향 등을 겪으며 그들의 주장과 의견이 점점 한쪽으로 쏠리고 치우쳐가는 듯한 느낌을 자주 갖게 됩니다.

특히 정치적 문제나 사회적 관심사에 대한 의견을 접할 때, 그 내용을 쉽게 받아들이거나 무시하기 힘든 상황이 발생합니다. 나이가 들어가면서 세상의 옳고 그름을 판단하는 일이 점점 더 어려워지고, 내 생각이 항상 옳다고 자신 있게 말하기 부담스럽다는 사실도 깨닫게 됩니다.

친구에게서 들은 이야기 중 하나는, 부모님이 매주 집회에 참석하기 위해 멀리 지방에서 버스를 타고 오시며 그로 인해 가족 간의 갈등이 심해졌다는 내용이었습니다. 또 다른 친구는 명절에 부정선거에 대한 의견 차이로 가족 간에 거친 언사를 주고받으며 큰 다툼을 벌였고, 그 후에는 정치적인 논의에 대해 '벌금을 내자'는 규칙까지 정했다고 합니다. 그 이야기를 듣고 있는 순간, 공교롭게도 TV에서 관련 뉴스가 나오기도 했는데요. 식당 사장님께 양해를 구하고는 다른 채널로 돌려버리더군요. 그의 돌발 행동을 보니 그 상황에 공감하면서 그가 느끼는 사태의 심각함을 충분히 이해할 수 있었습니다.

이처럼 정치적, 사회적 견해 차이로 인한 갈등이 우리 주변에서 빈번히 일어나고 있는 가운데, 이 문제가 나이나 세대와는 크게 상관없고 보편적일 수 있다는 점에서 뜻밖의 충격을 받게 됩니다. 예를 들어 나보다 스무 살이나 어린 한 후배는 남자 친구가 특정 지역 출신이라는 이유로 주변에서 그를 탐탁하게 여기지 않는 것에 대해 신경을 써왔다고 했습니다. 그동안 관계를 잘 유지해 왔지만 최근 특정 유명 인사의 주장에 동조하면서 크게 다투게 되었고, 더 이상 지속하기 어렵다는 걸 토로했습니다.

혹자들은 나이가 들수록 사람은 더 겸손해지고, 지혜와 아량이 생긴다고들 합니다. 그러나 동시에 **자기방어** 기전이 작동하면서 고집이 세지고, 지나온 경험이나 가치관에 더 집착하는 경향도 있습니다. 이 두 가지가 균형을 이루는 것이 중요합니다. 만약 후자의 경향이 강해지면 세상은 불행과 혼돈의 방향으로 흐를 가능성이 큽니다. 위에서 언급한 예시처럼 대부분의 분란은 개인이나 집단의 이기적 분별심이나 편협한 가치관에서 비롯되기 때문입니다.

편향성의 노출은 어느 정도 이해할 수 있지만, 문제는 그것을 공공연하게 드러내는 표현 방식입니다. 현재 사회는 주로 표현의 자유를 강조하지만, 그에 따른 책임은 종종 간과되는 경향이 있습니다. 표현의 자유가 있다고 해서 아무 말이나 함부로 내뱉어도 된다는 면죄부를 주는 것은 아닙니다. 특히 요즘은 말과 글이 순식간에 빠르게 퍼지며 그로 인한 영향이 광범위하다는 사실을 항상 인식해야 합니다.

유시민의 『표현의 기술』에서 저자는 글을 쓸 때 "사실에 부합하는가? 문장이 정확한가? 논리에 결함이 없는가? 내가 하고 싶은 말인가? 독자의 마음에 공감을 일으킬 수 있는가?"를 살핀다고 합니다. 우리가 그 어느 곳에 단 한 줄의 글을 남길 때도 마찬가지로 신중해야 한다는 점을 일깨워줍니다. 표현의 자유를 행사하면서도 그로 인해 타인에게 상처나 피해를 주지 않도록 책임감을 느끼고 행동해야 함을 상기시킵니다.

나라를 다스리는 일이 정치라면, 가정과 같은 사적 영역에서도 정치적 요소는 존재합니다. 우리가 사는 민주주의 사회에서는 다양한 견해를 존중해야 하며, 이 모든 의견의 중심에는 '사람을 위함'이라는 가치가 있어야 한다는 원칙이 있습니다. 비록 인간이 본능적으로 편향된 사고를 할 수 있지만, 표현에서만큼은 품위와 격을 지키는 것이 무엇보다 중요합니다.

**"사상이 가난하면 말과 글도 빈곤하다."라는 말이 있습니다. 결국 우리의 말과 글은 우리의 지적 능력의 표현이며, 이를 더욱 발전시키기 위해서는 끊임없이 공부하고 사색해야 합니다.** 가장 쉬운 방법은 좋은 책과 글을 부지런히 접하는 겁니다. 그것이 자연스럽게 우리 안에 스며들어 우리의 말과 글로 발현될 것입니다.

부디 생각과 의식이 모자라지 않는 삶을 꿈꾸며, 오늘 밤 머리맡에 잠 잘 오게 하는 벽돌책 한 권을 놓고 양이라도 세어야겠습니다. 한 마리 두 마리 세 마리.

**심리 용어 해설 사전**　　　　　　　　　　　　　　　　인지 편향

사람들이 정보를 처리하고 해석하는 과정에서 발생하는 체계적인 오류나 왜곡된 사고 패턴을 의미한다. 이러한 왜곡은 개인의 판단이나 의사 결정에 영향을 미치며, 종종 비합리적이거나 비논리적인 결과를 초래할 수 있다.

자기방어

자신이 심리적으로 위험하거나 불안한 상황에서 나를 보호하기 위해 나타나는 반응과 행동을 의미한다. 심리적으로 위험하거나 불안한 상황이란 나의 욕구와 내가 처한 상황의 차이로 인해 나타나는 갈등 상태를 말한다.

## 8

# 허영심

들뜸에게 먹이 주지 마라

이 세상에서 가장 손상받기 쉬운 반면,

정복되기 어려운 것은 인간의 허영심이다.

프리드리히 니체

아는 분의 소개로 만난 30대 구직자. 몇 년간 국회의원실에서 근무한 경험이 있지만 여전히 진로를 결정하지 않고 갈피를 잡지 못하고 있었습니다. 본인의 어떤 능력을 통해 가치를 실현할 수 있는지 묻자 대답은 모호하기만 했습니다. "정치를 왜 하고 싶은가?"라고 물었을 때도 구체적인 답변을 내놓지 못했습니다. 그의 말에서 느껴진 것은 지나치게 추상적인 생각들이었습니다. 사실 "당신이 보고 있는 세상에서 부족한 점을 가릴 수 있는 눈이 있는가?"라는 질문을 던지고 싶었습니다.

모든 일에는 그럴 만한 명분이 분명히 필요합니다. 예를 들어 정치라면 세상을 바꾸고 자기보다 어려운 사람들을 돕고 싶은 순수한 마음에서 시작될 수 있습니다. 그러나 정치에서 중요한 것은 권력입니다. 정치인에게 권력을 추구하는 것이 정치의 원동력이고, 그 권력이 제대로 쓰이려면 정치인은 그에 맞는 역량을 갖춰야 합니다. 문제는 권력에 도취해 그걸 과시하려는 욕망에서 발생합니다. 후광효과를 노리는 주변 사람들도 이를 부추기게 됩니다. 정치인으로서 허영심에 빠지게 되면, 자신을 구렁텅이에 몰아넣고, 주변 사람들까지 끌어들이게 됩니다.

나는 그가 정치에 대해 가지고 있는 낭만적인 생각을 경계해야 한다고 조언했습니다. 정치란 자신이 땀 흘려 번 돈으로 세금을 내고, 그 과정에서 겪은 고충을 바탕으로 해야 한다고 믿기 때문입니다. 현실을 직시하고 자신만의 무기를 날카롭게 다듬는 데 우선 집중하라고 말했습니다. 물론 그가 아직 자신이 원하는 방향을 알지 못하는 미숙함이 있을 수 있다는 점은 이해합니다. 그러나 시작부터 허영심에 휘둘리게 된다면, 아무리 능력이 있어도 결국 그 사람의 미래는 불투명할 수밖에 없는 건 불 보듯 뻔한 사실입니다.

프리드리히 니체는 '내가 아닌 것'으로 얻는 인정은 허영심에서 비롯된 것이라고 경고합니다. 물론 적당한 자부심과 실행하려는 의지는 필요하지만, 지나친 허영심은 오히려 문제를 복잡하게 만듭니다. 또한 허영심은 주로 교활함과 밀접하게 연결됩니다. 감추고 싶은 면을 숨기고, 타인을 속이려는 마음이 내재하여 있기 때문입니다. 그래서 사람은 무엇을 두려워하고 싫어하는지, 무엇을 숨기고 드러내고 싶은지 잘 구별해야 합니다. 그게 바로 '안목'입니다.

얼마 전 지인의 자녀가 30대인데도 취업 준비에만 집중한다는 이유로 아르바이트를 전혀 하지 않고, 엄마 카드에 여전히 의존하고 있다는 이야기를 들었습니다. 그는 눈이 높아서 아무 곳이나 들어갈 수 없다고 주장하며 실제 많은 기회를 놓치고 있었습니다. 거의 일다운 일을 해본 적이 없었던 그가 과연 어떤 실력과 재능이 있길래 그런 기준을 세울 수 있는지 궁금했습니다. 풀 한 포기, 나무 한 그루를 직접 심어 보지 않으면 그 효용을 알 수 없습니다. 구경만 하고 열매나 따 먹으려 한다면 그 사람은 실질적인 그 어떤 일도 할 수 없고, 운 좋게 계기가 온다고 해도 제대로 대응하지 못할 것입니다.

우리가 사는 세상은 꽃밭도 아니며, 우리가 오로지 쓸 수 있는 운동장은 그리 넓지 않습니다. 현실을 직시하지 않고 **나르시시즘**에 빠진 사람들은 결국 눈앞의 기회를 놓치고, 그들의 미래는 늘 안개에 가려져 있을 것입니다. 주변에서 그런 사람들을 자주 보게 되지 않나요? 그들을 반면교사 삼아 우리 자신을 들여다봅시다. **정복되기 어려운 게 허영심이라는데, 우리는 스스로 그런 말을 할 자격이 있는지 생각해 봐야 합니다.** 우리의 허영심을 제대로 다루고 있는지, 아니면 벌써 컨트롤타워가 고장이 난 건 아닌지 점검해야 합니다. 허영심이라면 지적 허영심 정도면 충분하지 않겠습니까? 부디 매사에 겸허히, 겸손함과 절제를 잃지 않고 소박한 마음으로 살아가도록 노력하기로 해요.

**심리 용어 해설 사전**　　　　　　　　　　나르시시즘(Narcissism)

자기애로도 불리며 자기 외모, 능력과 같은 어떠한 이유를 들어 지나치게 자기 자신이 뛰어나다고 믿거나 아니면 사랑하는 자기중심성 성격 또는 잘난 체하는 행동을 말한다. 자만심과도 유사하다.

## 9

# 번뇌

고통 지옥에서의 주문 걸기

삶은 고통이며 생존은 고통 속에서 의미를 발견하는 것이다.

프리드리히 니체

'남들의 삶은 대체로 순탄하고 무난해 보이는데, 왜 나만 유난히 어렵고 괴로운 걸까?' 사실 이 생각은 21년째 변함이 없습니다. 그저 피해의식에 사로잡혀 있다고 해도 할 말은 없지만 작년에는 한방정신과도 다녀왔습니다. 약을 지어 먹고 선생님이 하라는 대로 호흡을 병행한 명상도 했죠. 그즈음 관련된 책들을 마구 읽었습니다.

이선이의 『나를 들여다보는 마음수업』을 접하고 나니, 나의 몸부림이 다소 민망하게 느껴졌습니다. 정신건강의학과

의사인 저자는 내원하는 '어른 아이들'에게 꼭 던지는 질문이 있다고 합니다. "어른이 된다는 것은 무엇일까요?" 많은 사람이 독립하고 경제적인 책임을 지는 것을 어른이 되는 과정으로 생각하지만, 저자는 '인생이 고苦임을 받아들이는 것'이라고 하더군요. 그런 점에서 아직 나는 덩치만 큰 어른 아이일지도 모르겠다고 생각했습니다.

항상 기쁨만 가득하다면 그것이 과연 인생일까요? 물론 우리는 인생의 고통과 한계를 받아들이고 이를 마주해야 합니다. 이른바 '비터스위트 *bittersweet*'. 행복과 불행은 늘 공존하고, 행복은 목표가 아니라 여정이며, 불행은 적이 아닙니다. 사이토 시게타의 『안아주는 말들』에서도 괴로움은 이겨내는 것이 아니라 이해하는 것이라고 했습니다.

절망의 끝에서 필사적으로 살아온 사람은 그 고유의 빛을 발하며, 괴로울 때야말로 내가 진정으로 소중히 여기고 원하는 것이 보인다고 합니다. 즉 괴로움을 이해하는 게 실천적 행동이라는 거죠. 그런데 번뇌를 안다고 해도 일상에서 불쑥 터져 나오는 상실감은 도저히 막을 도리가 없습니다.

그럴 때 필요한 것은 바로 **메타 인지**입니다. 어떤 이는 끓어오르는 감정을 누르고 10초를 세며 나를 바라보자고 합니다. 하지만 1초도 힘든데 10초라니요. 물론 참으로 어렵고 힘든 일이지만 해야 하지 않겠어요? 어려운 일일수록, 무지막지할수록, 진심으로 내 마음을 들여다보고 따박따박 알아가는 게 중요합니다.

이른바 자기 자비란 힘겨운 투쟁을 벌이는 자신을 친절하게 돌보며 격려하는 것입니다. 일상의 삶이란 고통의 연속이니까요. 마치 어려움에 빠진 친구를 도울 때처럼 나를 달래며 잘 이끌어가야 합니다. 그런데 대부분의 사람은 친구를 대하는 만큼 자기 자신에게 친절하지 않습니다. 나처럼 스스로를 구석으로 몰아붙이고 때로는 냉정하게 대하기도 하죠. 한 연구 결과에 따르면, 과반수 이상의 사람들은 자기 자신보다 다른 이에게 더 관대하다고 합니다.

이 세상에 단 하나뿐인 나를 내가 따뜻하게 대하지 않으면 대체 누가 그럴까요? 이제는 좋지 않은 일이 생기거나 불행하다고 느낄 때 이렇게 생각하려고 합니다. **'신께서 나에게**

어떤 깨달음을 주시려나? 뭔가 이유가 있을 거야. 그냥 그런 게 아닐 거야.' 이렇게 마음을 고쳐먹으면, 얄궂게도 다음 일이 기대되곤 합니다. 자기 응시, 그리고 **자기암시**. 그것이 일상의 고통 속에서 숨 쉴 수 있는 방법이 아닐까요? 설령 괴로움과 아픔은 피할 수 없는 감정일지라도 그 안에서 나를 돌보고 이해하려는 마음을 가질 때, 우리는 더 깊은 성장과 깨달음을 얻을 수 있을 것입니다. 지금 걸어보세요. 자기암시의 주문을. '나의 힘듦에는 분명 의미가 있을 거다.'라고.

---

**심리 용어 해설 사전**　　　　　　　　　　　　　　　**메타 인지**

1970년대에 발달 심리학자인 존 플라벨(J. H. Flavell)이 창안한 용어로, 남의 지시 이전에 스스로 자기 생각·평가에 대해 생각하는 능력을 말한다. 상위 인지, 초인지라고도 한다.

**자기암시**

"나는 날마다 모든 면에서 점점 더 좋아지고 있다."라는 문구처럼 특정한 관념을 의미한다. 즉 바라는 바를 스스로 반복적으로 되뇌는 것이다. 의식적인 노력뿐만 아니라 무의식까지 길들여 목표를 이룰 수 있게 되는 상태이다.

## 10

# 공격성

감정은 유전, 그런데 말입니다


진정한 강함은 외부의 공격이 아니라, 내면의 공격을 통제하는 데서 온다.

로버트 그린


문이 쾅, 인상이 팍. 아이의 씩씩거리는 숨소리가 열기를 뿜고 내 얼굴은 이미 붉으락푸르락. 어김없이 한바탕 싸웠습니다. 긴긴 어두운 사춘기 터널을 지나고 있는 아이와의 되풀이되는 대환장 푸닥거리 끝에 이젠 감정이라곤 아무것도 남아 있지 않죠.

물론 노력을 하지 않았던 건 아닙니다. 아이와 잘 지내고 싶어 그동안 꽤 많은 책을 읽었지만 크게 와닿지 않았습니다. '다스려라.'며 내 감정을 조절하고 '소통해라.'며 내 감정을 이야기하지 않으면 절대 알 수 없다는 원론적인 이야기들로 가득했죠. 그런 조언을 실생활에서 적용하는 것도 생각만큼 쉽지 않았습니다.

그러던 중 김붕년 소아청소년 정신과 교수의 이야기를 들으며 한마디가 깊이 와닿았습니다. "당신의 자녀를 당신에게 온 귀한 손님처럼 여겨라." 그 순간 또르르 눈물이 흘렀습니다. 아이가 이 글을 보게 되면 아마 비웃을 수도 있겠지만, 그때 내 심정은 정말 진심이었습니다.

그는 **사춘기를 겪고 있는 아이에게 부모가 해줄 수 있는 건 '연민'**이라고 말했습니다. 아이가 감정의 파도 속에서 힘들어하고 있다는 사실을 받아들이며, 불손하게 굴 때 부모는 그 감정을 이해하고 연민으로 바라봐야 한다는 것이었습니다. 그렇게 되면 부모는 더 이상 아이의 태도에만 집중해서 혼내지 않아도 된다고 하더군요.

아이를 '연민'을 가지고 바라보며 곧 떠날 사람으로 즉 개별자로 존중해야 한다는 그의 말은 너무나 깊은 울림을 주었습니다. 악다구니 쓰고 대드는 아이의 행동은 마치 내 성격을 똑 빼닮아, 어쩌면 나의 어릴 적이 투영된 모습일 수 있다는 생각도 들었습니다. 그 순간 마치 내 얼굴에 침을 뱉는 것처럼, 내가 가진 화를 그대로 되돌려받는 느낌이었죠.

내 유년시절을 돌아보면 부모님의 갈등과 불화 속에서 주로 엄마의 감정에서 미분화되었던 것 같습니다. 하지만 부모로서 경험이 쌓이고 남성들과 어울려 일하는 시간이 길어지면서, 자주 버럭 화냈던 아버지를 조금 더 이해할 수 있게 되었습니다. 감정을 다루는 데 있어 여유를 가지게 되었다고 할까요. 그래서 감정이 빼도 박도 못한 유전적인 영역일 수도 있지만, 그와 동시에 내가 살아온 연륜이 주는 교훈도 영향을 미쳤다고 생각합니다.

앞서 말한 공격성은 성적 욕망처럼 물론 우리 내면에 누구나 존재하는 보편적 감정입니다. 중요한 건 그걸 어떻게 처리하느냐입니다. 결국 이를 해결하는 방식은 각자의 선택에 달려 있습니다. 강현식, 최은혜의 『그동안 나는 너무 많이 참아왔다』에서 언급한 긍정심리학자의 연구에 따르면, 우리의 행복은 절반이 유전자에 의해 결정된다고 합니다. 유전자의 영향이 생각보다 크다는 사실에 놀라 다소 주춤할 수 있지만, 후천적으로 감정을 잘 다스리고 조절하는 능력을 기른다면 행복을 더 많이 느낄 수 있다는 점에서 실낱같은 희망이 보입니다.

화를 다스려가며 성숙한 자아를 만들어가는 길은 아이와 내겐 아직 멀고도 험난하지만, 그럼에도 불구하고 DNA를 뛰어넘는 각고의 노력과 견고하고 자신감 있는 태도로 감정을 **승화**하고 달래며 나아가야겠습니다. 여러분도 나도 모두에게 행운이 가득하길!

> **심리 용어 해설 사전**　　　　　　　　　　　　　　　**승화**
>
> 심리학에서 말하는 성숙형 방어기제 중 하나로, 사회적으로 용인되지 않는 충동이나, 이상화, 욕구를 사회적으로 용인되는 행동이나 행위로 변형하여 결국 먼저 가지고 있었던 충동을 장기적으로 개조하는 것을 말한다.

## 내면 공부 체크리스트

"단념과 평안, 정리와 청결, 자기와의 소통을 통해 내면의 성장을 이루면서 고난 속에서도 의미를 찾고 겸허한 태도로 감정 다스림을 실천하는 방법은 무엇일까요?"

### √ 단념과 평안
단념은 지혜로운 어른만이 할 수 있는 일이며, 내면의 평안을 가지기에는 일정 시간이 필요하다는 것을 인정하고 기다리는 자세가 중요합니다.

### √ 자기와의 소통
자신과의 소통을 통해 감정의 밑바닥까지 들여다보고, 과거의 힘든 시간들이 나를 성장시켰음을 알아갑니다. 내 경험에서 얻은 교훈을 바탕으로 자기 자신을 이해하고 받아들입니다.

### √ 망각의 지혜
때로는 소중한 경험도 오늘과 내일을 살아가는 데 방해가 될 수 있다면 잊는 것이 더 나을 수 있습니다. 복수심이나 집착을 내려놓고 마음을 비우는 것이 필요합니다.

√ 감정의 다스림

분노나 짜증이 생길 때, 그것에 휘둘리지 않도록 눈앞의 일부터 집중하며 마음을 다스립니다. 감정의 폭발을 피하고 평온을 유지하기 위해 감정을 다루는 법을 꾸준히 연습합니다.

√ 내면의 성장

외적인 성공이나 타인의 인정보다는 내면의 성장을 중요하게 여기며, 성찰을 통해 자신이 진정으로 추구해야 할 것이 무엇인지를 찾도록 노력합니다.

√ 지적 성장

말과 글은 사상의 풍요로부터 이뤄집니다. 끊임없이 공부하고 사색하며 좋은 책과 글을 접하는 등 지적인 성장을 이루도록 합니다.

√ 겸허와 절제

허영심을 최대한 피하고 현실을 직시하고 겸허하고 절제된 태도를 유지합니다.

### √ 고난의 의미 찾기

불행을 느낄 때마다 "이것이 내게 무엇을 가르쳐주려고 하는 것일까?"라는 질문을 던지며 자기암시를 통해 어려운 상황을 이겨내도록 합니다.

(3장)

# 내 마음을 단단히
# 다지는 시간

반성, 객관화 등 다양한 주제로
내면의 성장을 위한 방법들을 제시하며,
자아를 온전히 회복하는 진정으로 평화로운 길을 모색합니다.

## 마음 기록 노트

**이 장을 접하기 전에 자기감정을 탐구하고 어떻게 들여다보는지 방법이 있다면 적어보길 바랍니다.**

▫ 자기반성과 객관화를 통해 발견한 새로운 점이 있다면 무엇이었나요?
▫ 자기 삶의 주인이 되기 위해 어떤 셀프리더십을 실천하고 있나요?
▫ 공감과 자아를 지키는 균형을 맞추기 위해 어떤 노력을 하고 있나요?

## 1

# 반성

당신에게서 문득 나를 본다

자기반성 없이 살아가는 건 검토하지 않고 사는 것과 같다.

소크라테스

어느 회사에서 홍보 마케팅에 대한 조언을 구한 적이 있었습니다. 제품 수준과 마케팅 현황을 점검하기 위해 직접 돈을 들여 몇 가지 서비스를 체험하고 홈페이지 등 언론 기사 등을 살펴보았습니다.

내가 내린 결론은 간단했습니다. 다른 유사한 서비스들과 비교했을 때, 현재를 넘어선 비용과 노력을 들여 마케팅을 전면적으로 진행할 수준은 아니었습니다. 대신 지금은 내실을 다지는 데 집중해야 할 시점이라고 판단했습니다. 추후

서비스의 질이 높아진다면, 자연스러운 바이럴 효과를 기대할 수 있을 것으로 생각했습니다.

관건은 그 의견을 어떻게 잘 전달할 것인가였습니다. 내 말이 제대로 전해지기를 바랐지만 예상치 못한 일이 일어났습니다. 바로 대표의 태도였습니다. 이야기를 나누는 동안 분위기는 점점 싸해졌고, 그의 표정은 굳어갔습니다. 그는 갑자기 내 말을 끊고 회사의 화려한 비전과 그동안의 험난한 준비 과정에 대해 길게 이야기하기 시작했습니다.

어느 순간 나 자신에게 질문을 던지게 되었습니다. '왜 이렇게까지 시간을 들여 저 사람의 넋두리를 들어주고 있는 걸까?' 이 자리에서 내가 해야 할 역할이 화자인지, 청자인지, 아니면 둘 다인지 혼란스러웠습니다. 현기증이 나는 걸 간신히 참고, 급히 아메리카노 한잔을 마시고는 그 자리를 서둘러 빠져나왔습니다.

오는 길에 이기주의 『언어의 온도』에서 읽었던 한 구절이 떠올랐습니다. 바로 '귀고프다', 실컷 듣고 싶다는 말로 저자는 타인의 모든 말은 내 것이 아니므로, 귀에 담을 필요는 없다고 합니다. 그 말에 깊이 공감했습니다. 좋은 말만 품고 살아도 충분히 행복할 수 있는 것처럼, 기분 나쁜 말이나 악성 댓글도 별거 아니라고 생각할 수 있어야 한다는 겁니다.

무엇보다 중요한 건 자기 중심을 가지고 세상을 바라보는 것입니다. 내 귀에 어떤 말을 가져올지, 그 말이 내게 어떤 영향을 미칠지 판단할 수 있는 기준을 갖는 거죠. 문제는 조직을 이끄는 리더라면 자신이 모든 답을 가지고 있지 않다는 사실을 깨달아야 한다는 점이었습니다. 좋은 지도자라면 메타 인지를 갖추고, 남의 말도 귀 기울여 들어야 한다는 점에서 그 대표에게는 다소 아쉬운 부분이 있었습니다.

사실 오랜 회사 생활을 통해 알게 된 점이 있습니다. 귀를 닫고 잘 듣지 않는 지도자들은 냉정한 자기 인식이 어려워 과잉 자신감을 가지게 되며, 그로 인해 주로 무능한 경우가 많다는 겁니다. 이러한 리더는 자신의 부족한 부분을 인식하지 못하고, 그 결과로 조직에 무능함을 전파하고 결국 위기로 몰아넣기도 합니다. 능력에 비해 과분한 자리에 앉은 지도자도 마찬가지입니다. 언제 물러나야 할지 알지 못한 채 오히려 성장을 가로막고, 불가능한 목표나 허황한 비전을 제시하며, 잘못된 방향으로 조직을 이끌어 실패하기도 합니다.

더군다나 과잉 확신을 가진 지도자는 주로 부정적인 심리 방어기제를 가지고 있습니다. 이들은 문제를 부인하거나 이해하지 않으며, 상황을 용인하지 않는 형태를 보이기도 합니다. 예를 들어 제품 서비스의 질에 관해 이야기할 때, 그 대표처럼 갑자기 그동안의 노고를 이야기하며 화제를 바꾸는 태도가 바로 그런 겁니다. 자신을 돌아보지 않고 남의 말을 듣지 않으면 그 결과 자기반성이 부족해지기 마련입니다.

반면 자기반성을 바탕으로 목표를 재설정할 수 있는 리더가 되어야 진정한 성과를 이루는 가능성이 커지지 않을까요? 나 역시 오랫동안 쌓은 경력을 무기 삼아 전문적인 능력을 대우받고 싶은 욕심에 사로잡히지 않았는지. 그래서 매번 인정 투쟁에 몰두하지 않았는지, 쓸데없는 자기변명으로 말이 길어지지는 않았는지 문득 되돌아보게 되었습니다.

또한 그 짧은 시간조차 그 대표가 외부 전문가인 나의 의견을 듣기 힘들어하는 모습을 보며, 조직 내에서의 크고 작은 피드백 역시 그에게는 받아들이기 어려운 일일 거라는 슬픈 예감이 들었습니다. 물론 타인에 의한 평가는 언제나 불편하고, 특히 리더는 자신이 유일하게 해결책을 알고 있는 어른이라고 착각하는 경우가 많긴 합니다.

하지만 피드백이 없다면 리더십은 결코 성장할 수 없다는 피터 드러커의 말처럼, 결국 중요한 것은 불편한 진실을 마주하며 내가 해야 할 일이 무엇인지 점검해야 한다는 점입니다. 그래야 그 조직은 발전하고 커나갈 수 있습니다.

뭐니 뭐니 해도 경청과 하나로 합쳐진 마음, 즉 둘 이상의 사람이 굳게 뭉치는 동체일심─心同體이 중요하다고 생각합니다. **듣는 귀가 마음을 따라가는 게 핵심이죠.** 그것만 된다면 충분히 절반의 성공은 가능할 겁니다. 나이가 들고 경험이 쌓일수록 내 말만 하고 싶고, 듣고 싶은 말만 듣는 선택적 듣기가 만연하지만, 그런 감정을 억제할 완벽한 방법은 사실 존재하지 않습니다. 다만 차라리 말을 삼키고 그 감정을 내 안에서 풀어내는 해결책을 찾는 것이 중요하다고 생각합니다. 갑자기 예전 일이 떠오른 오늘 밤, 침묵으로 마무리하며 나 자신을 돌아보는 시간을 가지려 합니다. 문득 궁금합니다. 여러분의 귀는 마음을 잘 따르는지.

## 2

# 객관화
자기 조망의 진실 찾기

**자기 합리화**로 버티고 **자기 객관화**로 나아가라.

곽민수

혹시 아시나요? 『군주론』이 니콜로 마키아벨리의 이력서였다는 사실을요. 당시 최고의 권력자에게 권력을 유지하려면 이 책의 내용을 이해하는 것이 필수적이며, 만약 마음에 든다면 그때 자신을 써달라는 일종의 제안서였다고 합니다. 이 사실을 알기 전까지 그가 실제로 권력을 쥐고 있는 리더인 줄 알았던 나에게는 꽤 놀라운 이야기였습니다. 그는 권력자들에게 책을 보내며 취업을 시도했지만, 안타깝게도 원하는 자리는 얻지 못했다고 합니다.

그가 권력의 정점에서 나라를 다스리며 『군주론』을 집필한 것이 아니라, 오히려 권력의 밑에서 보고 겪은 경험을 바탕으로 문제를 분석하고 개선 방안을 제시했기 때문에 이 책은 매우 객관적이었다고 평가받습니다. 그 점이 오백 년 동안 고전으로 남을 수 있었던 이유이기도 합니다.

만약 그가 권력의 최고 위치에서 이 책을 썼다면 그 내용은 지금과는 사뭇 달라졌을 겁니다. 권력자의 관점에서 쓴 역사에는 왜곡이 따를 위험이 있기 때문이죠. 자신이 내린 모든 결정과 성과를 정당화하는 데 집중했을 테고 역사라는 것은 늘 이긴 자가 자신에게 유리한 대로 기술하기 마련이니까요.

그는 "권력의 본질을 이해하려면 군주가 되어야 하고, 군주의 본질을 이해하려면 백성이 되어야 한다."라고 말했습니다. 이를 풍경화를 그리는 사람에 비유했는데요. 높은 곳에서 본 풍경의 본질을 이해하려면 평지에서, 평지의 본질을 이해하려면 높은 산 위에서 관찰해야 한다는 것입니다. 이 말에 전적으로 동의합니다.

그래서 우리는 종종 한발 물러서서 비교적 객관적인 시각으로 바라볼 필요가 있는데요. 갑작스럽게 남편을 잃은 셰릴 샌드버그와 애덤 그랜트의 『옵션 B』에서 회복탄력성에 대해 이야기하는 부분이 떠오릅니다. 자신을 냉정히 바라보는 최고의 방법은 다른 사람에게 평가를 부탁하는 것이라고 저자는 말합니다. 내면 깊숙이 자리한 감정을 외부의 시선으로 바라보는 것이 회복력을 키우는 데 도움이 된다고 강조하죠.

회복탄력성은 개인이 역경에 반응하고 극복해 나가는 속도와 힘을 의미하는데, 쉽게 말하면 척추를 세우는 것 자체가 아니라 그것을 지탱하는 근육을 강화하는 과정에 가깝습니다. 다른 근육들이 촘촘하게 받쳐주어 더 강하게 버틸 수 있는 구조를 만드는 거죠. 생각해 봅시다. 싸구려 위로보다 현실을 정확히 직면하고 그 속에서 나아갈 길을 찾으라는 셰릴 샌드버그에게 직격했던 그의 직장 동료처럼, 자기 객관화는 대체로 타인에게 듣는 경우가 많습니다. 마치 "네 주제를 알라."는 식으로요.

물론 누구에게나 자신만의 중심이 있습니다. 나이가 많든

적든, 사회적 신분이 무엇이든, 각자 삶이란 전장 속에서 치열하게 싸우고 있습니다. 어떤 이들은 이러한 고통을 외면하며 "훌훌 털어버리고 빠르게 다시 일어나라."고 쉽게 말할지도 모릅니다. 또는 상대의 아픔을 더 강하게 꼬집으며 처한 상황을 직시하도록 요구할 수도 있겠죠. 다만 다른 사람의 처지를 통해 나를 들여다보든, 다른 이들에게 이끌려 나를 보든 간에, 자기 객관화로 나를 이해하는 건 결국 나 자신이라는 점을 분명히 알아야 합니다.

어느 리더십 전문가에 따르면, 영어 'lead'라는 단어에는 애당초 누군가를 이끄는 의미가 없다고 합니다. 이 단어의 인도유럽어 뿌리는 'leith'에서 왔으며 그것은 '문지방을 넘는다.'라는 뜻입니다. 즉 주도하는 건 내가 누군가를 이끄는 것이 아니라, 나 스스로 담을 넘는 행동을 해야 한다는 것이죠. 정답은 없습니다. 아마도 저마다의 방식으로 **자기 객관화를 통해 현실을 받아들이고 헤쳐 나가는 것이야말로 우리 삶에 대한 진정한 리딩***leading***이자 진취적인 도전일 것입니다.**

마지막으로 리처드 로티의 『우연성, 아이러니, 연대』에서 나오는 한 구절로 글을 마칩니다. "세상을 묘사하는 최종적인 어휘는 없다. 옳은 단어는 우리가 상황을 더 잘 다룰 수 있도록 도와주는 것이지, 우리 밖에 있는 객관적 현실을 반영하는 것이 아니다." 부디 자기 객관화에 있어서 과대 주장이나 부정적인 자기 검열은 최대한 배제하고, 자신을 있는 그대로 바라보며 한 걸음씩 나아가길 바라며….

---

**심리 용어 해설 사전**

**자기 합리화**

부정적인 면이 있는 사건을 긍정적으로 포장하려고 하는 행동으로 감정적 상처나 실망거리를 회피하기 위해 구실이나 핑계를 만들어내는 심리적 기제를 뜻한다.

**자기 객관화**

신을 객체로 알며, 있는 그대로의 자신과 자기가 바라는 자신, 남들이 보는 자신 간의 차이를 이해하는 것을 말한다.

**회복탄력성**

고난과 역경을 극복하고 이를 성장의 발판으로 만들어 다시 제자리로 돌아오는 힘을 일컫는 말로, 심리학에서는 주로 시련이나 어려움을 이겨내는 긍정적인 힘을 의미한다.

## 3

# 셀프리더십
내 삶의 주인이 되는 법

가장 큰 위대함은 자기 자신을 다스리는 것이다.

블레즈 파스칼

드라마 〈원경〉이 큰 인기를 끌었습니다. 세종의 어머니이자 태종의 아내인 원경왕후를 다룬 이야기로, 역사에 큰 관심이 없던 나조차도 그와 관련된 자료를 찾아보게끔 만든 흥미로운 드라마였습니다. 알고 보니 그는 단순히 왕비의 역할에 그치지 않고, 태종이 조선의 초석을 다지는 데 중요한 정치적 동반자로서 큰 몫을 했습니다.

태종은 조선 시대에서 가장 많은 스무 명에 가까운 후궁과 수십 명의 자식을 두었지만, 왕실의 평화와 안녕을 위해 그는 헌신적인 역할을 다했습니다. 더욱이 자신의 형제 네 명이 숙청되는 위기 속에서도 흔들리지 않는 강인한 정신력을 발휘하며 고난을 견뎌냈습니다.

"널 살릴 수 있는 유일한 이는 너 자신이다."

이 대사는 그가 새로 들어온 후궁에게 했던 말로 깊은 인상을 남겼습니다. "임금의 사랑에 모든 것을 걸지 말고 궐 안에서 자신만의 삶의 이유를 찾으라."는 그의 말은 셀프리더십의 진수를 보여주었습니다. 내 삶을 책임지는 주체가 되어야 한다는 강한 메시지를 담고 있습니다.

문득 한 상장사 대표와 나눈 대화가 떠오릅니다. 그는 무능한 직원을 어떻게 해야 할지 묻더군요. 확실한 근거와 자료를 바탕으로 평가한 후, 조직의 번영을 위해 결단을 내려야 한다고 대답했습니다. 그 기저에는 아지리스의 성숙·미성숙 이론에 대한 내 의견이 깔려 있습니다. 이 이론의 요지는 인간이 본질적으로 미성숙한 상태에서 시작하여 성숙한 상태로 발전해 간다는 것입니다. 즉 사람들이 경험을 통해 더 나은 의사 결정과 자율적인 행동을 할 수 있도록 성장한다는 것이죠.

하지만 내 개인적인 신념은 이 이론과 다소 충돌합니다. '사람을 고쳐 쓰는 것을 기대하지 않는다.'는 내 생각은, 성인이 된 후에는 사람의 기본적인 특성이나 태도는 크게 변화하지 않는다는 데 근거합니다. 그래서 직원들에게 큰 변화나 성숙을 기대하는 것보다, 그들이 현재 상태에서 맡은 역할을 제대로 할 수 있도록 지원하는 방식으로 접근해야 한다고 봅니다.

스타트업의 경우 직원들에게 과도한 보호를 해주거나 '가족'이나 '동아리' 같은 분위기를 강조하는 경향이 있습니다. 처음에는 모두가 편안하게 일할 수 있다는 장점이 있었지만, 시간이 지나면서 이 방식이 오히려 조직 문화에 부정적인 영향을 미친다는 것을 깨닫게 되었습니다. 직원들이 스스로 책임을 지기보단 업무에 대한 책임을 회피하거나, 문제 해결을 미루는 경우가 많아지죠. 결국 이런 상황에서는 단호한 결단이나 개선하려는 굳은 의지 자체가 어색해지기도 합니다.

그래서 '가족 같은 회사'나 '부모 같은 상사', '친구 같은 동료'라는 말을 들으면 두드러기가 날 정도로 별로 좋아하지 않습니다. 실제 비즈니스 환경과는 거리가 멀고, 결국 일조차 제대로 할 수 없게 만드는 패착의 요인 중 하나이기 때문이죠. 회사는 이윤을 추구하는 피 튀기고 살벌한 곳이지, 취미 생활을 함께하고 감정적인 유대나 애정을 나누는 동호회가 아니라는 점을 경험을 통해 너무나 잘 알고 있습니다.

그렇다면 아지리스의 이론에서 전달하는 역설적인 메시지에는 무엇이 있을까요? 그것은 바로 직원들이 대개 성숙할 수 있지만, 리더가 그들을 미성숙하거나 부족한 존재로 대할 수 있다는 점입니다. 상황에 따라 다를 수 있겠지만, "최고의 리더는 사람들을 이끌기보다는 스스로 이끌어갈 수 있도록 돕는 사람이어야 한다."는 노자의 말처럼, 진정한 지도자는 사람들에게 스스로 성장할 수 있는 기회를 제공하고, 그들이 더 나은 방향으로 나아갈 수 있도록 돕는 역할을 해야 한다는 결론에 이르게 됩니다.

결국 자신을 잘 이끌 수 있을 때 비로소 다른 사람들을 제대로 이끌 수 있는 능력이 생깁니다. **셀프리더십**이란 자기 생각과 감정을 잘 다스리고 맡은 소임을 성실히 수행하는 데서 시작합니다. 주로 나이가 들수록 자신의 관점을 고수하며, 때로는 다른 사람을 가르치려 드는 데 우선이기도 합니다만 셀프리더십의 핵심은 자기 내면을 돌아보고, 다른 사람들의 생각을 경청하며, 그들이 더 나은 방향으로 나아갈 수 있도록 돕는 데 있습니다.

원경왕후의 "자신을 살려야 한다."는 말을 자신 있게 할 수 있을 정도로, 우리의 리더십은 어디까지 와 있는지 돌아보는 시간이 필요합니다. 이 춥고 기나긴 밤, 자신을 찬찬히 돌아보고 한기 서린 거울에 입김을 호호 불어가면서 자신을 비추어보길 바라며….

---

**심리 용어 해설 사전**　　　　　셀프리더십(Self-Leadership)

스스로에게 영향을 미치는, 당신이 당신 자신에게 영향을 끼치는 지속적인 과정이다. 우리가 정말로 하고 싶은 일을 하는 데에 자발적으로 자신을 투입할 수 있도록 하는 것이기도 하다.

## 4

# 공감

공감 과잉 시대에서 오롯한 나로 사는 법

공감은 우리 모두가 말할 수 있는 언어와 같지만,

진정으로 이해하는 사람은 거의 없다.

미상

예전 회사에서 주기적으로 심리 상담을 받았던 경험이 있습니다. 한 동료가 SNS 등을 통해 리더에 관한 루머를 퍼뜨렸고, 나를 포함한 우리 조직의 사람들 하나하나를 저격하기 시작했습니다. 마치 공개적으로 발가벗겨지고 처형당한 기분이었죠. 나는 성실히 일하고 있었지만 돌아가는 상황이 너무나 잔인하고 지옥처럼 느껴졌습니다. 일상조차 버거운 시기였습니다.

그때 흔들리는 나를 지탱해 준 이는 내 이야기를 진심으로 들어주고 **공감**해 준 상담사였습니다. 그는 내게 큰 위로가 되었고, 그 덕분에 울렁거리는 마음을 다잡으며 어둠의 긴 터널을 지나올 수 있었습니다. 문득 궁금해졌습니다. 나보다 나이 어린 그는 자신의 고민을 누구에게 털어놓고 위로받을까?

그는 말했습니다. 자신에게도 번뇌가 있지만, 내담자상담을 받으러 오는 사람들을 상담사들이 부르는 호칭와 이성적으로 대화하면서 마음의 안정을 얻는다고요. 자신의 역할은 내담자의 문제를 해결해 주는 것이 아니라 함께 어려움을 나누는 것이라고 했습니다. 이는 '인지적 공감'이라고 할 수 있습니다. 상대방의 감정을 무조건 공유하는 것이 감정적 공감이라면, 인지적 공감은 그 사람의 생각과 감정을 이해하고 합리적으로 접근하는 것입니다. 나에게는 그의 '인지적 공감'이 매우 효과적이었습니다.

한 교사가 휘두른 흉기에 초등학생이 사망하는 참사가 벌어졌습니다. 그 학생이 한 가수의 열성팬이었다고 부친이 밝히자, 일부 네티즌들은 그 가수의 소셜미디어에 빈소에 가야 된다는 댓글을 수없이 달았습니다. 또한 부친이 가수에게 장례식에 와달라고 공개적으로 부탁한 것에 대해 동정과 조문 강요에 대한 논란도 일었습니다. 그때 눈에 띄었던 한 댓글이 있었습니다. "유가족의 아픔에 공감하면서도 가수의 선택을 존중해야 한다."

우리는 대체로 어려운 사람들의 이야기를 들으면 공감하고 연민을 느낍니다. 하지만 우리의 공감 능력에는 한계가 있습니다. 세상에 필요한 만큼의 공감을 충분히 주기에는 우리에게 주어진 공감의 총량이 제한적일 수밖에 없습니다. 상담사나 정신과 의사처럼 직업적으로 공감을 요구하지 않는 한, 사실 우리는 서로 크게 공감하지 않고 살아가도 됩니다. 나의 공감이 상대방의 공감 크기와 똑같아야 한다는 부담에서 조금 벗어나도 괜찮다고 생각합니다.

**그래서 '인지적 공감'이 더욱 필요합니다. 이 공감 과잉의 시대에 오롯한 나로 살아가는 방법은 나 자신을 지키면서 타인을 이해하는 균형점을 찾는 겁니다.** 나가이 요스케의 『공감병』에서도 이야기하는 것처럼, "공감받지 않아도, 연결되지 않아도 나라는 존재는 훼손되지 않아야 한다."라는 당위성이 그만큼 중요합니다.

결국 우리는 모두 자기 삶을 살아야 하기 때문입니다. 나에게도 생계가 있고, 가족이 있으며, 가까운 사람들에게도 신경을 써야 합니다. 그런데도 단순한 동정과 연민을 넘어 공감만을 앞세운 사람들에 의해 불편한 진실과 마주하는 이들에게는 때로는 공감이 강요되기도 합니다. 소시오패스니, 로봇이니, 몰인정하다느니 하는 비난을 듣기도 하죠. 하지만 우리기 공감에 대해 올바르게 이해하시 않는다면, 오히려 자신을 잃을 위험이 있다는 점을 기억했으면 합니다. 부디 고인이 예쁜 별이 되어 좋은 곳으로 가기를 기도합니다.

> **심리 용어 해설 사전**　　　　　　　　　　　　　　**공감**
>
> 남의 의견이나 감정에 자기도 그렇다고 느끼는 행위로, 불쌍한 일 말고도 기쁜 일에 함께 기뻐해 주는 일도 모두 포괄하는 개념이므로 동정심보다는 훨씬 의미가 넓다.

## 5

# 공헌감
당신의 사명감은 안녕하십니까

행복은 자기 가치를 이루는 데서부터 얻는 마음의 상태다.

아인 랜드

면접에서 자주 받는 질문 중 하나는 "어떤 경우에 본인의 일이 보람 있다고 느끼는가?"입니다. 이에 대해 내부 직원들이 회사에 대해 느끼는 로열티가 높아졌을 때라고 답합니다.

예전 회사에서 일주일에 두세 번은 꼭 언론사, 대외 협력 관계자들과 점심을 함께하며 여의도나 서울시청 등을 오갔습니다. 그날은 특히 피곤하고 힘든 일정이었지만, 회사에 돌아와 업무를 정리하던 중 한 엔지니어가 내게 다가와 말을 건넸습니다. 우리 회사가 언론에 자주 언급된 덕분에 가족들까지 알게 되었다고 일할 맛이 난다며 감사의 말을 전하더군요. 그때 인사팀장도 거들었습니다. 회사가 많이 알려져 입사 지원자가 부쩍 늘어 채용팀이 바빠졌다는 이야기였습니다.

그 순간 느낀 <u>자기 효능감</u>은 내가 받은 그 어떤 상보다도 더 컸습니다. 내가 하는 홍보 업무가 내부 직원들의 사기 진작에 얼마나 중요한지 몸소 실감했기 때문입니다. 특히 적은 인원으로 최대한의 효율과 성과를 내야 하는 스타트업이나 중견기업에서는 직원들의 열정과 의욕이 핵심 요소입니다. 이런 상황에서 PR은 회사의 이미지를 구축하고 직원들이 자긍심을 느끼도록 돕는 중요한 도구가 됩니다.

하지만 홍보는 결코 쉽지 않습니다. 알려지지 않은 회사의 경우 언론사나 대외 협력 관계자에게 이메일을 보내도 회신을 받기 어렵습니다. 그런데도 수많은 실패를 겪으며 관계를 쌓고 접촉면을 넓혀야 합니다. 이 과정은 마치 민머리를 맨땅에 헤딩하는 것처럼 고통스럽고 힘듭니다. 게다가 담당자는 언론 홍보 외에도 고객사 대상 마케팅, 홈페이지 관리, SNS 운영, 전시 홍보 등 여러 업무를 동시에 처리해야 합니다.

역사와 전통을 자랑하는 중견기업조차 전문 인력이 없는 경우가 많습니다. 예산과 인력이 부족한 열악한 환경 속에서 홍보 체계를 구축하는 일이야말로 어려운 과제입니다. 드문드문 집행되는 유료 광고로 언론과의 접촉을 시도하면서도 지속성을 유지하기 위해 더 많은 시간과 노력이 필요합니다.

이렇듯 작은 불씨들을 살려 회사의 인지도를 높여가는 과정에서 큰 보람을 느낍니다. 회사의 기술과 역량이 외부에 알려지고, 직원들이 자긍심을 느낄 때 내 노력의 가치를 실감합니다. 동료들이 신나게 일할 수 있도록 돕는 이 공헌감은 내게 신선한 자극이 되기도 합니다.

이와 비슷한 맥락에서, 정필 외 14인의 『그 일을 하고 있습니다』에서 다룬 국회 보좌관의 공헌감에 대한 부분이 떠오릅니다. 보좌관은 힘없고 돈 없는 사람들의 억울함을 풀어주며 자신의 존재 의미를 찾고 공직자로서 국민을 위한 공헌감을 느낀다고 합니다. 비록 국회의원을 위해 일하지만, 그의 자부심은 결국 국민으로부터 비롯된다는 점이 인상적이었습니다.

한편 공직 사회 르포르타주 같은 노한동의 『나라를 위해서 일한다는 거짓말』에서 공직 사회의 이중적인 태도를 지적한 부분이 기억에 남습니다. 저자는 공직자들이 평소에는 공익의 수호자로서 권위를 내세우지만, 중요한 일을 해야 할 때는 정권, 국회, 여론의 뒤에 숨고 아무런 판단도 하지 않는 현실을 고발했습니다. 그는 "국가와 국민을 위해 일한다."라는 자기방어적인 거짓말을 더는 하고 싶지 않아서 10년간의 공직 생활을 접고, 이 거짓을 들춰내는 것만이 진정한 개혁의 첫걸음이라고 주장했습니다.

기시미 이치로의 『아직 긴 인생이 남았습니다』에서도 "인간은 살기 위해 일하고, 그 일을 통해 공헌감을 느끼며, 결국 자신이 가치 있다고 느낀다."라고 했습니다. 이는 일하는 모든 이들에게 중요한 메시지를 전합니다. **일로서 타자를 위하고 그로 인해 자신도 의미와 가치를 느낄 수 있다는 점에서, 공헌감은 개인적인 성취감을 넘어서서 큰 의미가 있다고 볼 수 있습니다.**

노한동 작가가 공직 대신 글 쓰는 삶을 택한 이유는 더 이상 무력감과 두려움 없이 보람을 찾기 위함이었다고 합니다. 여기서 한마디 덧붙이자면 글쓰기는 자기 결정권이 있는 행위입니다. 아마도 그는 자신이 선택한 글쓰기에서 성취감을 느끼고 싶었을 것입니다. 같은 글쓴이로서 그가 글쓰기를 통해 자기 수용과 타자 공헌의 길에서 행복을 찾기를 진심으로 바랍니다. 그리고 이 글을 읽고 있는 여러분께 묻고 싶습니다. "당신의 공헌감은 안녕하십니까?"

---

**심리 용어 해설 사전**　　　　　　　　　　　　　　**자기 효능감**

과제를 끝마치고 목표에 도달할 수 있는 자기 능력에 대한 스스로의 평가이다. 한 사람이 상황에 영향을 미칠 수 있는 자신의 힘에 대해 가진 신념을 결정함으로써, 그 사람이 도전에 유능하게 대응하는 실제의 힘과 그 사람이 취하는 선택 등에 강한 영향을 미친다.

**공헌감**

자신이 이 세상이나 다른 사람을 위해서 도움이 된다고 느끼는 감각이다. 자신의 공헌을 기다려주는 사람이 있다고 믿는 것이다. 아들러 심리학에서 특히 '공헌감'을 중시하는데, 자신의 부나 지위, 나이나 경험과는 상관없이 오직 의지만 있으면 할 수 있는 것이다.

**3장** 내 마음을 단단히 다지는 시간

## 6

# 기대감

진심을 다한다는 불편함에 대하여

당신이 생각하는 대로 되려고 노력하지 말고, 될 수 있는 대로 생각하라.

아놀드 그라소우

"진심을 다합니다."

이 말을 들을 때마다 어딘가 불편한 감정이 밀려옵니다. 어법이 잘못된 걸까요, 아니면 내 마음이 뒤틀려서 그런 걸까요? 고민해 본 결과 아마도 두 가지 모두 해당될 수 있다는 생각이 듭니다.

먼저 어법을 살펴보면, 강성곤의 『정확한 말, 세련된 말, 배려의 말』에서는 '진심을 다한다'는 표현은 정밀하지 않다고 합니다. 진심을 다하려면 '담는다'가 더 적합하고, '다하다'에는 온 마음을 뜻하는 '전심'을 사용해야 한다고 설명합니다. 그리고 진심이란 거짓이 전혀 없는 깨끗한 마음이고, 이는 투명성에 기반한다는 의미를 갖습니다. 물론 거짓이 있어서는 안 되지만 그런 일관된 정직함을 유지하는 것이 과연 가능한 일일까요?

무엇이든 과하면 탈이 나기 마련입니다. 많은 사람이 '진심을 다하지 않으면 이상하다.'고 여기고 이를 위해 온 힘을 다하려고 합니다. 우리는 자신이 그렇게 했으니까 남들도 비슷하게 할 거라 기대하죠. 그러나 이런 예상이 과도할 수 있다는 점을 간과하기 쉽습니다. 사람들은 자신이 보고 싶은 것만 보고, 믿고 싶은 것만 믿기 때문에, 무엇이 적당한지 판단하기가 참 어려운 문제인 것 같습니다. 결국 이는 철저히 개인적이고 주관적일 수밖에 없습니다.

일의 특성상 외근이 많습니다. 급하게 미팅을 나가야 할 때, 후배들이 "진심을 다해 마무리 짓겠습니다."라고 말하는 걸 믿고 돌아오면, '적어도 어느 정도는 처리했겠지.' 하고 기대하게 됩니다. 하지만 종종 그 예상에 미치지 못하는 경우가 있죠. 가끔은 기대치를 낮추기보다는 아예 포기하는 게 더 빠르다는 생각이 들기도 합니다. 그렇게 되면 같이 일하는 게 불편해집니다. 그래서 주로 "어디까지, 얼마만큼 할 건지 정확하게 말해 달라."고 먼저 요구합니다.

그리고 말한 만큼 하지 않았거나 할 여건이 되지 않았을 경우, 바로 진행 상황을 알려달라는 요청도 필요합니다. 일을 질질 끌며 나중에 되지도 않는 이유를 대거나 책임을 전가하는 비겁함은 솔직히 용납하기 어렵습니다. 만약 내 기대와 예상이 반복적으로 빗나가면, 그 사람의 '진심'은 서서히 훼손될 수밖에 없습니다. 결과적으로 그 사람의 말이나 행동에도 진정성을 담보하기 어려워지게 되죠. 신뢰는 결국 작은 약속을 지켜나가며 쌓이는 것이기 때문에 이를 놓치지 않는 게 중요합니다.

'진인사대천명盡人事待天命', 즉 진심을 다하면 하늘이 감복하고 결국 사람들이 알아준다는 말에 나는 잘 기대하지 않습니다. '진심을 다한다고 해서 사람들이 알겠지.'라는 희망을 품는 것, 그 자체가 불필요하다고 생각합니다. 물론 누군가가 나의 진심을 알아주고 내 최선을 인정해 준다면 그건 적절한 시기에 운도 따랐기 때문일 겁니다. 그래서 차라리 그 진심이 얼마나 주관적이고 개인적인지 자각하고 그 일이 내 손을 떠났다면 더 이상 걱정하지 말고, 다른 곳에 집중하는 게 더 생산적이지 않을까 하는 생각이 듭니다.

이 모든 게 지극히 개인적인 견해일 수 있겠지만, 나는 진심에 과도하게 몰입하고 낙관하는 것에 반대합니다. **진심을 인정하고 긍정적인 태도를 보이는 것은 중요하지만, 지나치게 이상적인 관점에 빠지는 것은 또 다른 문제입니다.** 설령 진심이 우리를 속이고 실망시킬지라도 지나치게 슬퍼하거나 괴로워하지 않기를 바랍니다. 오히려 우리의 진심을 진지하게 다루되, 유연한 태도를 유지하는 것이 더 생산적이고 현명한 방법일 수 있음을 기억하길 바랍니다.

## 7

# 존재감

모든 일의 시작은 인사로부터

친절한 말은 짧고 하기 쉽지만, 그 울림은 참으로 무궁무진하다.

마더 테레사

먼저 이 글을 쓰는 데 계기가 된 한 선배가 있습니다. 대학생 시절 모 신문사에서 대학생 인턴 기자로 일하게 되었고, 그때 만난 그는 딱 하나의 중요한 조언을 해주었습니다. "인사는 만사니, 누구에게나 정중히 고개를 숙여라." 그때부터 나는 "안녕하세요. 수고 많으십니다. 감사합니다."라는 인사만큼은 어느 순간에도 절대 빼먹지 않기로 다짐했습니다. 심지어 집 앞 편의점에 가서 막걸리 한 병을 살 때도 인사를 꼭 하며 나는 어느새 '인사 머신'이 되었습니다.

생각해 보면 인사는 단순히 사람과 사람이 관계를 맺고 소통하는 행위일 뿐만 아니라, 나의 존재를 세상에 알리고 인정받는 방식이기도 합니다. 내 경우 인사를 통해 '내가 여기 있음을 증명한다.'고 여기게 됩니다. 그래서 내가 누군가에게 인사를 건넬 때 상대방이 그 인사를 받지 않거나 무시한다면, 마치 내 존재를 인정하지 않는 것처럼 느끼곤 합니다. 이런 생각은 내가 겪은 몇 가지 경험에서 비롯되었는데, 그중 하나는 지방 임기제 공무원으로 근무하던 시절의 이야기입니다.

당시 내 상사가 퇴임하고 나에겐 2개월 정도의 임기가 남아 있었습니다. 그동안 상사와 함께 일했을 때는 내게 살갑게 인사하고 친한 척했던 사람들이, 나를 못 본 척 지나치거나 나의 인사를 받지 않거나 심지어는 내 눈을 피하기까지 하더군요. 아마도 그들은 내가 진작 상사와 함께 떠났어야 한다고 생각했을 것입니다. 내 존재가 불편했을 수도 있겠죠. 하지만 나는 여전히 그곳에 있었고, 그들이 내 존재를 인정하지 않더라도 계속해서 인사를 건넸습니다. 그건 나를 증명하는 방법이었고, 그들이 받아들이든 말든 상관없이 내 역할을 다하고자 했습니다.

 그렇게까지 '꼭 인사를 해야 하는가?'라는 의문을 가질 사람들도 있을 겁니다. 어떤 이들은 가벼운 인사를 통해 사람들과 옅은 관계를 맺을 필요조차 없다고 느낄 수 있습니다. 그런데도 인사를 통해 '나는 아직 여기 있어요.'라고 나를 알리고자 했습니다. 이는 단순히 남에 대한 예의 차원을 넘어서 내 존재를 나 스스로 확인하는 방식이기도 했습니다. 그들과 똑같이 인사를 하지 않고 고개를 돌리며 모른 척한다면 수년 동안의 내 존재가 마치 부정당한 듯한 느낌을 지울 수 없었습니다. 물론 내 인사를 받지 않거나 나를 무시한 사람들에 대해 감정이 상할 수 있는 건 부차적인 일이고, 이 모든 걸 소화하는 건 나의 문제입니다.

 더군다나 인사를 굳이 해야 할 필요가 없다고 여기는 사람에게 그것을 강요할 건 아니라고 생각합니다. 사람은 고쳐 쓸 수 없는 법이니까요. 그들에게 인사의 의미를 이해할 때까지 요구한다고 해서 달라지는 건 없습니다. 내 존재를 알면서도 나의 인사를 받지 않는 이들에게 크게 상처받지는 않지만요. '밤새 안녕'이라는 말을 떠올리며, 우리가 서로를 좀 더 존중하고 인사함으로써, 그를 통해 잠깐이라도 서로의 안녕을 빌어주는 마음의 여유를 가져보는 것도 좋겠다는 생각을 해봅니다.

어떤 이는 산에서 만나는 모르는 사람에게 인사를 하는 것만으로도 하늘에 선업을 쌓는 일이라고 했습니다. 다시 말해 지나가는 사람들에게도 즐겁게 인사를 건네 일종의 공덕을 쌓는 거죠. **요즘처럼 거친 언어들이 난무하는 세상에서 우리는 가슴속에 선한 언어 하나쯤은 품고 있어야 합니다. 그럴 때 '안녕'이라는 단어가 제일 먼저 떠오르면 좋겠습니다.** 이 두 음절 속에 담긴 마음이 결국 우리의 행복과 평안을 가져다준다고 굳게 믿습니다. 그런 의미에서 여러분, 안녕!

## 8

# 자제심
### 귀찮음은 흘려보내 버려

자제할 수 있다는 것은 자신을 통제할 수 있다는 것이다.

욕망이 이끄는 대로 끌려가지 않고

자기 행동을 확고히 지배하는 주인이 되는 것이다.

프리드리히 니체

무언가를 하려고 할 때 잠시 주저하며 입가에 맴도는 말이 있습니다. "아, 귀찮아." 그런데 이 귀차니즘이 점점 심해지면, 그 일이 진짜 번거로운 일인지 아닌지를 구별하기조차 곤란해집니다. 결국 할지 말지를 결정하는 데 어려움을 겪고, 그 혼란은 스트레스를 부르고 또 다른 무기력을 불러옵니다.

나 역시 그런 경험이 있었습니다. 공직 시절, 한 문자로 인해 휘말린 송사에서 판결을 받고 당혹스러움을 넘어 한동안 무기력에 빠졌던 시기가 있었죠. 내가 주로 하는 일이 남과의 소통인데, 고작 문자 전송 버튼을 누르는 것이 그렇게 어려운 일이 될 줄은 꿈에도 몰랐습니다. 지나고 나서 깨달은 건, 모든 커뮤니케이션에 더 신중을 기해야 한다는 점입니다. 촌각을 다투는 시급한 일이 아니면 즉각적인 연락을 자제하고, 한 번 더 생각하며 신경 쓰는 것이 이제는 습관이 되었습니다. 또한 내가 보내는 메시지가 상대에게 어떻게 전달될지를 고민하게 되었습니다.

이렇게 걱정과 염려가 차곡차곡 쌓이다 보니, 실제로 무엇인가를 하려고 하면 몸이 정말 귀찮아지는 건 어쩔 수 없나 봅니다. 내 의지의 가장 큰 적은 내 말 듣지 않는 내 몸입니다. 관성처럼 항상 하던 대로 하는 것에 익숙해져 있지만, 한 번 크게 당한 이후로 모든 일에 더 조심하려는 염려증이 생긴 것 같습니다. 이게 넘치고 흐르면 일종의 포기나 회피로 변할 때도 있습니다.

김병수의 『아픈 줄도 모르고 살아가는 요즘 어른을 위한 마음공부』에서 귀찮음을 극복하는 방법의 하나로 '몸을 움직이기'를 제시했습니다. 맞습니다. 내 경우 무기력이 극에 달할 때, 가장 먼저 시도하는 방법은 우선 몸을 일으켜 장소부터 바꾸는 것입니다. 집에서 읽을 수 있는 책을 도서관에서 읽거나, 집에서 마실 수 있는 커피를 인근 카페에서 예쁜 잔에 담아 마시기도 했습니다. 집에서 할 수 있는 스트레칭 운동을 아파트 피트니스센터에서 줌바로 바꾸기도 했죠. 신나는 음악에 맞춰 몸을 흔들다 보니, 그동안 마음속에 쌓였던 스트레스가 마치 모래시계의 모래처럼 몸통 아래로 내려가며 산산이 흩어지는 느낌이 들었습니다. 그렇게 머리가 한결 맑아지고, 정신이 또렷해졌습니다.

우리는 해보지도 않고 실패할 일부터 걱정하거나, 다가올지도 모를 상처를 대비해 선물 같은 오늘을 '귀찮다'는 회피형 에너지로 소비하며 동굴 속으로 숨어버리기도 합니다. 그러나 **조금만 몸을 움직여 본다면, 삶은 어떻게든 살아지기 마련입니다.** 어떤 순간이든 정신 줄을 부여잡고 귀차니즘을 잠시 넣어두고 걱정을 자제한다면, 대부분의 염려는 우리의 상상 속에서만 존재할 뿐 실제로 일어날 확률이 극히 낮다는 것을 알게 될 것입니다.

  마지막으로 전하고 싶은 말은 브릿 프랭크의 『무기력의 심리학』에서 찾았습니다. "정신 건강은 정신이 작용하는 과정이 아니다. 정신 건강은 '신체가 작용하는 과정'이다." 우리의 무력감은 건강한 신체 활동을 통해 극복될 수 있음을 믿습니다.

## 9

# 침묵
어른으로서의 격, 기다림의 미학

가장 깊은 감정은 항상 침묵 속에 있다.

토머스 무어

예전 직장에서 알게 된 모 기자, 나이와 성향이 비슷해 가끔 차도 마시고 사는 이야기를 나누곤 했습니다. 우리가 언제부터 친해졌는지 곰곰이 생각해 보면, 그때의 기억이 떠오르며 웃음이 나옵니다. 1시간 남짓한 미팅 중 55분은 나의 상사가 본인 이야기를 쏟아내는 바람에, 나는 여러 번 하품에 그저 시선을 돌리기만 했습니다. 순간 그 기자와 둘이서 눈이 진하게 마주친 뒤부터 우리는 가까워졌고, 수년 후 그에게 조심스럽게 물었습니다. "내 상사가 그렇게 별로였던가요?" 돌아온 대답은 이랬습니다. "본인 말씀이 흘러넘쳐 주체할 수 없어 보이니 참 만만해 보였죠."

그 말을 듣고 나니 당시 상사가 줄줄 이야기할 때 어쩔 줄 몰라 망설였던 난감했던 순간들이 떠올랐습니다. 청자들의 긴 침묵을 눈치채고 여러 차례 그만하라는 신호를 보냈지만, 투머치 토커 *Too much talker*, 수다쟁이인 그는 아랑곳하지 않고 계속해서 말을 이어갔습니다. 우리는 말로 감정을 표현하지만, 때때로 말보다 더 많은 것을 전하는 것은 바로 '침묵'입니다. 침묵 속에서 자신도 모르게 진짜 감정이 드러나곤 하죠. 아무 말도 하지 않음으로써 오히려 더 많은 것을 표현할 수 있는데, 그는 침묵의 가치를 전혀 활용하지 못했던 겁니다.

예능인 이경규가 유튜브 모 채널에서 했던 이야기와 겹치는데요. "만만해 보이지 않으려면 말수를 줄여라. 쓸데없는 말을 많이 하면 만만해 보인다."라고 했죠. 그는 골프공을 예로 들며, "가만히 있으면 긴장되는 것처럼, 말을 아끼면 상대방이 속을 몰라 더 신경을 쓴다."라고 했습니다. 중요한 순간일수록 필요한 말만 골라서 해야 한다는 말이었습니다.

하지만 그게 어디 쉽나요? 특히 자신이 속한 집단이 다른 데에 비해 우월하다고 믿는 선민의식이 있을 때나 자신이 아는 것을 공유하고 싶은 마음에서 우리의 말은 많아지게 됩니다. 내 상사도 그랬습니다. 물론 그 의도는 좋았을 겁니다. 하지만 그럴 때면 청자의 반응을 살펴보는 것보다는 대개 자기 목적에 집중하며 말을 이어가게 됩니다. 마치 숙제하듯 하고 싶은 말을 쏟아내다 보면 자제하지 못하고 흘러넘치게 되죠. 그 결과 내가 무슨 말을 했는지조차 기억하지 못하는 경우도 있습니다. 어떻게 보면 입으로 배설한 느낌이랄까요? 안타깝게도 나이가 들수록 이런 상황은 자주 마주하게 됩니다.

우리는 자신에게 묻게 됩니다. 상대방의 반응을 살피지 않는 것이 무능이라서일까, 공감하고 싶지 않은 본인의 의도에서 비롯된 것일까, 아니면 침묵의 틈을 견디지 못하는 조급함에서 기인한 것일까? 사람들은 말없이 함께 있는 순간에 살짝 불편함을 느끼지만, 그 고요한 순간 속에서 서로의 마음을 읽게 되는데요. 그만큼 **침묵은 말로 설명할 수 없는 감정들을 고스란히 담아내는 그릇이 됩니다.** 때로는 깊은 이해

**와 수용을 의미하기도 합니다.** 깊고 넓음을 이해하려면 말이 아닌 침묵 속에서 그 의미를 찾아야 합니다. 그 속에 숨겨진 감정들은 우리에게 진정한 자신을 알게 해주는 열쇠가 될 수 있습니다.

사실 이런 게 진짜 어려운 일이 아닐까 싶습니다. 그래서 그 기자가 나의 상사를 같은 맥락으로 보지 않았을까 하는 생각이 듭니다. 침묵을 잘 지키고 보존할 수만 있다면야 어느 정도 품격을 갖춘 어른이라고 여겨질 수 있을 테니까요. 요즘 들어 점점 말수가 줄어드는 나에게도 침묵은 여전히 큰 숙제입니다. 이 글을 마칠 무렵, 말씀이 참 많아 늘 나에게 아찔함을 선사했던 그분은 요즘 어디에서 이야기보따리를 풀고 있는지 궁금하네요. 일요일의 느긋한 오후, 드디어 나에게 입을 벌리면 '쩍' 하고 소리가 날 정도로 적막이 찾아왔습니다.

## 10

# 둔감력

감정의 스릴이 아닌 평안을

진정한 자유는 감정을 다스릴 수 있는 능력에서 온다.

넬슨 만델라

가끔 내 안에 내가 두 명 있는 것처럼 느껴질 때가 있습니다. 한 사람은 모든 것을 제어하려는 의지를 지닌 나이고, 또 다른 이는 그 통제를 벗어나 감정에 휘둘립니다. 이 두 존재는 자주 충돌하며 나를 더욱 혼란스럽게 만듭니다. 이런 감정의 롤러코스터는 이른 갱년기 때문일 수도 있고, 자아상이나 대인 관계, 정서적인 불안정함과 충동적인 특징을 갖는 '경계성 성격장애'가 아닐까 하는 의심도 들곤 합니다.

하지만 제럴드 J. 크리스먼의 『감정의 피부가 약한 사람들을 위한 책』을 읽고 나서 조금 안심할 수 있었습니다. 그는 경계성 성격장애가 있는 사람들이 겪는 감정들이 사실 우리 모두가 어느 정도 공감할 수 있는 문제라고 말합니다. 거절당하는 두려움, 정체성에 대한 혼란, 그리고 공허함과 무료함, 이 모든 감정은 누구나 한 번쯤 경험한 것들입니다. 다만 성격장애를 가진 사람들에게는 이러한 감정들이 그들의 삶을 송두리째 흔들 수 있다고 합니다. 반면 우리는 그 감정들을 어느 정도 다루며 살아간다는 점에서 차이가 있습니다.

내게는 특히 공허함과 무료함을 단 한 순간도 견디지 못하는 경향이 있습니다. 몰두할 무언가가 없으면 내 마음은 금세 변덕을 부리고, 어디로 가야 할지 모르는 채 배회하기 시작합니다. 이랬다저랬다 하는 나를 더는 보고 싶지 않기에, 그 순간을 넘기고 싶은 마음에 무언가를 재빨리 시작합니다. 그래서 늘 분주합니다. 손에 잡히는 일을 하나씩 해나가며 시간을 보내면서, 그로 인해 대단한 걸 하고 있다고 착각하며 살아왔습니다.

문제는 이런 생활이 진정한 '쉼'과는 거리가 멀다는 점입니다. 정말 '휴식'이라는 것이 내 삶에 있었나 싶은 생각이 들 때가 많습니다. 이승원의 『우리는 왜 쉬지 못하는가』에서 저자는 일이 행복을 추구하는 수단이어야 한다고 말하며, 많은 사람이 일을 목적으로 착각하거나 자아실현과 동일시한다고 지적합니다. 이를 두고 '착각 노동 판타지'라고 정의하기도 했습니다. 나는 그저 바쁘게 살아가면 된다고 쉽게 생각했지만, 진정한 쉼은 이런 방식에서는 결코 찾을 수가 없었습니다.

사실 내면의 평화를 찾는 방법을 아예 잊어버린 건 아닐까 하는 의문이 듭니다. 최근에는 이렇게 사는 것에 꽤 지쳤다는 직감이 들었습니다. 불현듯 죽음에 이르렀을 때 비로소 진정한 평안함이 찾아오는 것은 아닐까 하는 약간의 두려움도 있죠. 나만의 유난한 생각일지 모르지만, 10년 넘게 알고 지낸 후배가 내 책상에 수북이 쌓인 '불통', '리더', '민주주의' 같은 책 제목들을 보더니, 싹 다 치우라고 하더군요. "언니, 제발 김주환의 『내면소통』 같은 거나 읽어요."라며 지친 마음을 달래줄 책을 권하고는 잠시 멈춤을 가지라고 했습니다.

'감정은 관계'라는 말이 유독 마음에 와닿는 요즘, 내 널뛰는 감정과의 관계가 썩 좋지 않다는 현실을 차츰 받아들이고 있습니다. **아마도 감정의 흐름을 제대로 이해하고, 건강한 관계를 맺는 게 진정한 쉼의 첫걸음이 아닐까 합니다.** 이제야 그 첫발을 뗀 것 같아 이 글을 쓰는 지금, 드라마 〈나의 아저씨〉의 마지막 회에서 박동훈이 이지안에게 묻는 질문이 떠오릅니다. "지안, 편안함에 이르렀는가?" 내 감정을 충분히 관찰하고 그 감정들이 무엇인지 어떤 맥락에서 나온 것인지 명확히 파악하고 분별하며 이해하게 되면, 나는 그 감정을 더 잘 다룰 수 있을 것입니다. 그러면 세상 둘도 없는 다정다감하고 자애로운 엄마처럼 굴다가도 갑자기 화가 치밀어 아이에게 고래고래 소리를 지르는 일도 점차 줄어들겠죠.

감정과의 관계에서 이제는 '어떻게든 해야지.'보다는 '어떻게든 될 거야.'라는 마음으로 감정이 쉴 수 있는 움막을 짓고, 오르락내리락하지 않으며 잘 다뤄, 평평한 평지에서 균형을 잡은 채 고요히 살아가고 싶습니다. 부디 나도, 여러분도 그렇게 될 수 있기를 바랍니다.

## 내면 공부 체크리스트

"경청과 침묵 속에서 자기 관리와 셀프리더십을 실천하며,
일과의 관계에서 자신의 감정을 건강히 다루는 방법은 무엇일까요?"

### √ 경청과 침묵의 중요성
나이가 들수록 선택적 듣기가 만연하고 감정을 철저히 억제하는 완벽한 방법은 없다는 걸 알게 됩니다. 대신 감정을 내 안에서 풀어내며 침묵 속에서 자신을 돌아보는 시간을 갖는 것이 중요합니다.

### √ 주도적인 자기 관리
타인을 이끄는 것보다 자기 자신을 이끄는 행동이 핵심입니다. 자기 객관화를 통해 직면한 현실을 온전히 받아들이는 태도로써 진정한 자기 리딩을 할 수 있습니다.

### √ 리더십과 자기 성장
진정한 리더는 다른 사람을 이끄는 것이 아니라, 그들이 스스로 성장할 수 있도록 돕는 역할을 합니다. 셀프리더십은 자기감정과 생각을 잘 다스리는 것에서부터 시작됩니다.

### √ 공감 능력의 균형
타인을 이해하면서도 자신을 지키는 균형을 유지하는 것이 중요합니다. 과도한 공감 강요는 자칫 자신을 잃을 위험이 있으므로, 적절한 자기 보호가 필요합니다.

### √ 일과 공헌감
일은 단순히 생계를 위한 것이 아니라, 타자에게 공헌하고 이를 통해 자신의 가치를 느끼는 과정이기도 합니다. 일에서의 성취와 보람은 개인의 성장을 넘어 사회적 가치를 창출한다는 것과 비슷한 맥락일 수 있습니다.

### √ 긍정적 태도와 진심
진심은 중요하지만 지나치게 낙관적이거나 몰입하지 않도록 주의합니다. 긍정적인 태도와 비교적 낙관적인 시각을 유지하는 것이 바람직합니다.

### √ 불안과 걱정의 극복
불확실한 미래에 대한 걱정으로 시간을 허비하지 말고, 현재를 온전히 살아가며 불안을 자제하도록 합니다. 실질적으로 일이 일어날 가능성은 상상보다 훨씬 적다는 사실을 인식하고, 몸을 살살 움직이며 문제를 직접 해결해 나갑니다.

### √ 침묵의 가치
말을 하지 않고 함께 있는 순간의 고요함 속에서 서로의 마음을 읽는 깊은 이해가 이루어집니다. 침묵은 때때로 말보다 더 깊은 의미를 전달하는 중요한 도구가 되기도 합니다.

# 내 삶의 중심을
# 세우는 법

자립, 고독 등 다양한 측면을 통해 자신을 확립하고
독립적인 삶을 살아가기 위한 구체적인 방법과 태도를 제시합니다.
자신을 믿고 성장하는 과정에 초점을 맞추고 있습니다.

## 마음 기록 노트

이 장을 읽기 전, 내 마음을 명확하고 일관되게 들여다보기 위해
가장 필요한 게 무엇인지 써보세요. 이 책을 덮을 때쯤 당신의
답이 어떻게 바뀌어 있을지 지켜보는 것도 좋겠습니다.

☐ 자립을 위한 첫걸음을 내디딜 때, 가장 큰 도전은 무엇이었나요?
☐ 용기와 단호함을 잃지 않기 위해 어떤 노력을 하고 있나요?
☐ 명료함과 일관성을 유지하는 데 있어 가장 중요한 원칙은 무엇이라고 생각하나요?

## 1

# 자립

세상 밖으로 나올 너를 위해

독립할 마음이 없다면 아무것도 시작하지 말라.

구사카 기민도

지난해 통계청이 발표한 '2022년 25~39세 청년의 배우자 유무별 사회·경제적 특성 분석'에 따르면, 이 연령대의 경제적·정신적 자립심이 부족해 부모에게 의존하는 캥거루족 비중이 50.6%에 달했다고 합니다. 이제는 '캥거루족' 대신 자라처럼 모래나 흙바닥을 파고 들어가 숨는 습성이 있는 이들을 비유한 '자라 증후군'이라는 표현도 등장했다죠. 공자는 『논어』에서 열다섯 살에 학문에 뜻을 두고 서른 살에 자립을 이루며 마흔 살에 미혹되지 않았다고 말했지만, 오늘날 우리 청년 세대의 자립은 여전히 먼 길처럼 보입니다.

올해 고등학교에 들어간 아들에게 자주 말합니다. "성인이 되면 자기 앞가림은 해야 한다. 대학 입학금은 대줄게. 그 이후는 네가 알아서 해라." 고등학생이 되어 학원비도 만만치 않으니, 예전보다 훨씬 비싸진 가격에 대비해 더 많은 공부량과 그에 맞는 노력이 필요하다고 강조하죠. 더불어 비용을 마련하기 위해 부모가 얼마나 고생하며 일하는지, 그 과정을 절대 잊지 말라고 늘 이야기합니다.

한파가 몰아치기 전에 아들이 자신만 두툼한 N사 패딩이 없다고 불평했습니다. 그래서 근처 아웃렛에서 가격을 확인하고 온라인에서 1~2만 원 더 저렴한 상품을 구입했습니다. 그 기회를 빌려 '세상에 당연한 것은 없다. 받는 것에 감사할 줄 알아야 한다.'는 점을 다시 한번 상기시켜 주었습니다. 아들이 얼마나 귀 기울여 들었는지는 알 수 없지만 중요한 건 두 가지입니다. 첫째, 세상에 당연한 것이 없다는 사실을 깨닫는 것, 둘째, 그러한 사실을 아는 것과 모르는 것의 차이가 얼마나 근본적으로 중요한지를 이해하는 것입니다.

자녀가 누리는 환경과 혜택이 누구에게나 주어지는 상수

가 아님을 반드시 알려주는 게 어른의 책임이라 생각합니다. 부모가 주는 사랑과 배려 역시 당연하지 않다는 점도 가르쳐야 합니다. 행복과 풍요로움은 누구에게나 주어지는 권리가 아니라, 때로는 운이 따르기도 하고 부모의 노력과 희생으로 이루어지는 것임을 깨닫게 해야 합니다.

최근 중국에서 주목받고 있는 '전업자녀'의 경우 한국의 캥거루족과 큰 차이를 보이는데요. 전업자녀는 부모와 함께 살며 가사를 돕고 일정한 금액을 받으며 경제적 동반자로서의 역할을 합니다. 반면 한국의 캥거루족은 가사에 참여하지 않고 부모에게 용돈을 받으며 경제적으로 독립하지 않는 경우가 많습니다. 부모 처지에서 전업자녀는 일종의 파트너가 될 수 있지만, 캥거루족은 오히려 큰 부담이 될 수 있습니다.

물론 '캥거루족'이라는 용어 자체가 젊은 세대에게 불편할 수 있다는 점은 이해합니다. 높은 집값, 전세 사기, 최저임금 등 현실적인 어려움이 존재합니다. 하지만 한 가지 분명한 건 성인이 된 후 자신이 누리는 모든 게 자연스럽지 않다는 걸 인정하고, 독립이 어려운 상황이라면 자립 정도는 준비해야 한다는 것입니다. 여기서 자립과 독립의 차이를 이해하는 것이 중요합니다. **자립은 지원을 얻으면서도 타인의 힘이나 지배를 받지 않고, 스스로 일어서며 자신답게 살아가는 법을 배우는 것이고, 독립은 타인이나 국가에 의존하지 않고 자신만의 삶을 이끌어가는 마음가짐입니다.**

모 예능 프로그램에서 친정아버지의 유산을 까먹으며 네 식구가 한집에서 동거하는 모습이 화제가 된 적이 있었습니다. 30대 백수 아들이 온종일 게임을 하며 음식을 대령 받고, 담배 심부름까지 엄마에게 시키는 모습은 정말 충격적이었습니다. 엄마의 과보호 속에서 큰 아들은 심리적인 독립이 어려운 상태였습니다. 서른이 넘은 나이에도 여자 친구까지 부모님 집에 데려와 동거하게 되었고, 여전히 부모와의 관계에서 벗어나지 못한 모습을 보였습니다. 이를 두고 한 전문가는 아이들이 독립적으로 살아가야 할 시점에도 여전히 부모에게 의존하며 살아간다고 지적하며, '관계 중독'이라고 정의하기도 했습니다.

어쩌면 자립하지 않는 이유는 단순히 상황적인 문제보다

는 의지나 역량 부족에 기인할 수 있습니다. 그래서 자기 앞 가림을 하는 건 그만큼 대단한 일입니다. 몇 년 후 나의 아들은 자신의 인생을 풀어나갈 내면의 힘을 가질 수 있을지 궁금합니다. 그동안의 주입식 교육이 결실을 볼지 아니면 수포로 돌아갈지 알 수 없지만, 설사 그에게 실망을 느낀다 해도 절대 포기하지 않을 것입니다. 그가 독립을 이룰 수 있도록 부모로서 해야 할 일들을 계속해 나갈 것입니다. 언젠가 그가 내 품을 떠나 스스로 뭍으로 엉금엉금 기어 나올 다부진 자라가 될 것을 믿으며, 오늘 밤엔 자라 꿈을 청해보려 합니다. 굿나이트.

## 2

## 고독
혼술하고픈 일상의 밤

> 누구든 자신을 제대로 알지 않고서는 진정으로 위대해질 수 없다.
> 우리는 일시적 은둔을 통해서만 자신을 파악해 낼 수 있다.
>
> 요한 게오르크 치미만

혼술의 시간이 점점 늘어나고 있습니다. 10년 전만 해도 퇴근 후 동료들과의 술자리가 일상적이었고, 주종과 안주에 대한 열띤 메신저 대화가 늦은 오후부터 이어졌던 기억이 있습니다. 하지만 지금은 혼자만의 시간이 더 자연스러워졌습니다. 물론 코로나19라는 외부적 요인도 있었지만, 그 변화 속에서 내 삶에 내적 성찰을 위한 시간이 생긴 건 고무적인 일입니다.

이나가키 에미코의 『인생은 혼술이다』에서 혼자 마시는 술을 "맨몸으로 혼자 세계와 마주하는 경험"이라고 표현했습니다. 이는 고독을 두려워하지 않고 쓸쓸함에 굴복하지 않으며 외로움과 마주하는 과정을 뜻합니다. 나에겐 혼술이 단순히 술을 마시는 행위가 아니라, 내면의 자신과 만나는 중요한 의식입니다. 그 순간 어떤 방해도 없이 나만의 생각과 감정을 고요히 들여다볼 수 있습니다.

그렇다면 언제 혼술을 시작했을까요? 아마도 2007년 여름, 일본 교토 여행에서였을 겁니다. 동행한 친구는 이미 다른 이와 만날 예정이었기에 나는 홀로 자유롭게 곳곳을 누볐습니다. "혼자서도 잘할 수 있어."라며 쓰담쓰담 스스로를 다독이며 오코노미야키에 생맥주 두 잔을 연거푸 마셨던 그 순간을 아직도 잊을 수 없습니다. 그때 혼자 술을 마시며 처음으로 나와 정면으로 마주했습니다. 낯선 곳에서 술 한잔을 기울이며, 마치 거울에 나 자신을 비추는 느낌이었습니다.

혼술의 목적은 단순히 술을 마시고 싶어서가 아니라, 나를 돌보는 시간으로 고독을 즐기기 위함입니다. 고독은 단순한 외로움이 아닌, 내면과 마주하는 지적인 경험입니다. 이를 통해 우리는 사회적 의무와 기대에서 벗어나 좀 더 자유로워질 수 있습니다. 근대 고독 담론의 선구자인 요한 게오르크 치머만은 고독은 사람에게 꼭 필요한 시간이라고 언급했습니다. 고독을 통해 우리는 더 나은 자신이 될 수 있기 때문에, 고독은 피해야 할 것이 아니라 가져야 할 소중한 순간이라고 했습니다.

하지만 고독을 누리는 시간은 쉽게 주어지지 않기에 그만큼 우리가 스스로 찾아 만들어가야 합니다. 술을 곁들이거나, 음악을 듣거나, 명상하며 각자에게 맞는 방식으로 고독을 즐겨야 합니다. 내 경우 주로 아이가 잠든 늦은 밤에 고요하고 평안한 시간을 가지려 노력합니다. 김현승 시인의 시 「고독한 이유」에서처럼, 고독은 군중 속에서 벗어나 자신만의 자유를 찾는 과정입니다.

그런데도 여전히 많은 사람이 고독을 두려워하고 피하려 합니다. 술자리가 끝난 후 혼자 남겨지는 상황을 어색하게 여기며, 다른 사람과 함께 술을 마시기 위해 애쓰기도 하죠.

일반적으로 심리적 독립성이 낮은 사람은 자존감이 낮을 때가 많습니다. 고독을 불편하고 고통스럽게 느끼는 이들에게 혼자 있는 시간을 즐기는 건 쉬운 일이 아니죠. 아마도 고독을 마주하고 그것을 두려워하지 않는 마음가짐을 가지며 즐기는 연습은 반드시 필요할 것입니다.

『혼자 산다는 것에 대하여』의 저자 노명우가 말한 것처럼, 혼자 있는 걸 원하는 사람들은 자기 밀도가 높은 게 확실합니다. 혼자의 시간을 통해 우리는 밀집된 삶 속에서 놓쳤던 내면을 되돌아보며, 더 깊고 의미 있는 삶을 살아갈 수 있습니다. **고독 속에서 우리의 내면을 단단히 하며, 더 나은 자신을 향해 나아갈 수 있게 됩니다.** 요즘처럼 마음이 복잡하고 머릿속이 뒤죽박죽일 때 더도 말고 덜도 말고 와인 딱 한 잔에 온전히 나를 느끼고, 그 속에서 나만의 사유의 시간을 가져야겠습니다. 그 후 조용히 찾아오는 잠은 아마도 더 달콤할 겁니다. 여러분도 굿 드림.

3

# 단호함
생살을 도려낸다는 굳은 각오로

단호함이야말로 승자들의 특징이다.

발타자르 그라시안

"네가 네 원칙을 지키고 싶은 것만큼 사람들을 어여삐 여겨. 쉽지 않지. 단호하게 하는 것과 융통성 있게 하는 것! 하지만 너는 할 수 있다. 조금만 여유를 가져."

드라마 〈대장금〉에서 어느 상궁이 생을 마감하기 전, 강직하고 성품이 바르지만 너무나도 완고한 동료를 걱정하며 남긴 말입니다. 실제 단호하면서도 융통성 있게 행동하는 건 결코 쉬운 일이 아닙니다. 만약 이 둘 다를 모두 추구하기 어려운 상황이라면, 융통성보다는 차라리 단호함을 택할 것입니다. 왜냐하면 정언명령을 우선으로 지키는 것만으로도 충분히 단호할 수 있다고 믿기 때문입니다.

세상에는 인간이라면 '마땅히 해야 할 일'들이 있습니다. 이마누엘 칸트의 관점에서 말하자면, 이 마땅히 해야 할 일은 바로 '정언명령'입니다. 쉽게 말해 내가 싫으면 남도 싫고, 내가 사람이라면 염치를 알아야 한다는 뜻입니다. 사람으로서의 기본적인 도리를 지키는 것, 그것이 바로 나아가야 할 길이라고 생각합니다.

어렸을 적 나는 훈수와 참견을 정말 싫어했습니다. 누구에게도 그럴 권한이 없다고 생각했죠. 그런데 그런 내가 아들에게 나도 모르게 잔소리 융단폭격을 퍼붓고 있더군요. 그가 잘되기를 바라는 마음에서 각종 핑계와 미사여구를 총동원해 내로남불을 합리화하기도 했습니다. '모성'이라는 이유로 어물쩍 넘기려는 건 정말 옳지 않다고 생각하면서도 계속 그런 행동을 하는 건 참 뻔뻔하고 낯 두꺼운 일이긴 합니다.

돌이켜보면 고교 시절 나는 공부에 집중하지 않고 방황했습니다. 그때 법조인이 되겠다는 목표를 일찌감치 가진 친구가 있었는데, 그는 "정신을 차리고 공부해라. 그렇지 않으면 후회한다."라며 자주 나를 다독였습니다. 며칠 전 그 친구가 갑자기 떠올라 검색해 봤더니, 그는 말한 대로 꿈을 이뤄 사법고시에 합격해서 경찰 조직에서 일하고 있더군요.

내 어림짐작은 이제 사실로 증명되었고, 요즘은 갈수록 잔소리가 늘어납니다. 어쩔 땐 아이가 나와 눈을 마주치는 것조차 싫어하고 반항하기도 하며 슬슬 피하려고 합니다. 내가 어렸을 때 공부를 우선순위에 두지 않았던 후회와 미련을 아이에게 투영하고 있는 건 아닌지, 내가 놓쳤던 것들을 어떻게든 내 자식은 반드시 해야 한다고 강요하는 건 아닌지 고민하게 됩니다.

불현듯 "내 배 아파서 낳은 자식도 결국 남이다."라는 말을 떠올렸습니다. 이 말은 '타인을 이용하지 말라.'는 칸트의 정언명령과 맞닿아 있습니다. 칸트는 내가 나를 위해 타인을 희생시키지 말라고 요구하는데, 이는 내가 내 아이를 이용하는 것에 대해 확고한 입장을 가져야 한다는 깨달음을 주었습니다. 아이와의 관계와 나 자신을 위해서라도 지금이야말로 단호함을 요구하는 순간임을 느끼게 됩니다.

김병완은 『부의 5가지 법칙』에서 결단력을 습관으로 기를 수 있다고 강조합니다. **결단력은 단순히 성격이 아니라, 꾸준한 실천과 훈련을 통해 길러지는 능력**이라는 말이 마음에 와닿았습니다. 결단력이 부족하다면 그것은 습관이 덜 형성된 결과일 뿐이고, 이를 극복하려면 수양이 필요하다는 점에서 교훈을 얻었습니다.

이제 나는 아이에게 잔소리하고 싶은 마음이 들 때마다, 숨을 깊게 들이쉬고 그 생각을 잠시 멈추려 합니다. 조금 더 나 자신에게 집중하려는 단호함을 가지려고 합니다. 아이의 현재에 지난날의 나의 아쉬움을 **투사**하지 않기로 했습니다. 내 관점을 아이에게 그대로 투영하다 보면, 아이의 태도나 상태를 잘못 판단할 우려가 있기 때문입니다. 결국 아이는 선택할 자유가 있고, 더 이상 아이를 위한다는 명목으로 그에게 조언을 넘어선 강요를 하지 않으려 합니다.

오늘은 밤늦게 학원에서 돌아오는 아이의 다리를 주무르며, "수고했다." 따뜻하게 말 한마디 건네야겠습니다.

---

**심리 용어 해설 사전**　　　　　　　　　　　　　　　　투사

자신의 마음속에 있는 것을 다른 사람에게 돌리는 정신적 과정을 말한다. 자신의 태도나 특성에 대해 다른 사람에게 무의식적으로 원인을 돌리는 현상으로 자신의 감정, 태도를 다른 사람에게 전이시키는 행동이다.

## 4

# 용기

호기로움과 존재의 이유 사이

스스로를 자유롭게 해 자신을 가장 잘 표현하고,
자신의 이익에 봉사함으로써, 완벽주의로의 퇴행을 통해
자신을 구할 수 있는 자유를 누리라.

조관일

"그런 책들 봐서 도대체 뭐 하세요? 돈이 나와요, 떡이 나와요? 시간 낭비하지 말고 부동산, 주식 같은 재테크 책이나 읽으세요."

가끔 이런 말을 듣습니다. 한두 번 겪은 일이 아니지만, 마치 깨끗하게 닦인 유리창을 출입문인 줄 알고 얼굴을 들이밀다 '쿵' 하고 이마를 찧는 느낌이 듭니다. 그런 충고를 받을 때마다 내 삶의 중심축인 독서를 고금리 적금이나 2025년 투자의 화젯거리인 지역을 다룬 책들을 읽는 방향으로 틀어야 하는지 진지하게 고민이 됩니다.

이미 내 두 귀는 세차게 팔랑거립니다. '살자고 읽는 책인데, 좀 더 효율을 따지면 안 되겠니?'라고 마음속 작은 속삭임이 들려옵니다. 근데 그깟 세 캔에 만 원짜리 맥주를 홀짝이며, 내 어깨너비만큼 작은 책상 앞에서 내가 고른 책에 집중하는 시간마저 누릴 수 없다니요? 책에 대한 내 애정을 계산하고 재단하는 이 각박한 시선 속에서, 솔직히 서운함부터 밀려오는 건 어쩔 수 없나 봅니다.

남들의 눈치를 아랑곳하지 않는 호기로운 한 분이 떠오릅니다. 그는 회사 일보다는 주식 차트를 보는 데 몰두했고, 넉넉한 출장비가 나오는 곳이라면 오지도 마다치 않고 손을 번쩍 들며 늘 이렇게 말했습니다. "나는 외벌이로 한 달 용돈이 고작 10만 원이에요. 이번 기회에 콧구멍에 바람 좀 넣어볼게요." 육아휴직 중인 동료를 보며 쉴 수 있는 경제적 여유를 부러워했고, 회식 때는 본인 돈이 아니니까 괜찮다며 값비싼

음식을 시키자고 어린아이처럼 투정을 부리기도 했죠.

　불쌍함과 동정의 선을 교묘하게 넘나들며 그가 얼마나 뻔뻔했는지, 그의 속내를 조금이라도 알았던 사람들은 일찍이 간파했을 것도 같았습니다. 그런데 어느 날, "다 먹고살자고 하는 건데, 어지간하면 저러겠어요?"라는 말을 듣고 깜짝 놀랐습니다. 그를 얄미워했던 내 표정이 너무 드러난 탓이었을까요? "너무 팍팍하게 굴지 말라."는 뜻밖의 조언도 들었죠. 그때 깨달았습니다. 남에게 크게 영향을 미치지 않는 일이라면, 그처럼 남의 시선 따윈 개의치 않고 자신만의 길을 고수할 수 있는 대범함이 필요하다는 것을. 내 취향의 책을 아무 설명 없이 당당히 읽을 수 있는 용기, 그것이 바로 내가 부족했던 부분임을 알게 되었습니다.

　사실 내가 이 책 저 책을 가리지 않고 다양하게 읽고자 하는 이유는 남들이 생존에 허덕일 때 여유를 부리거나 무게를 잡으려는 게 아닙니다. 내게 독서는 수많은 책 속에서 의미와 가치를 고르고 때로는 불안을 덜어내는 과정이었습니다. 이는 내 삶을 더 잘 살기 위한 도전이자 생존의 방법이었고 나만의 일종의 재테크였던 셈입니다. 마치 전례 없는 추위에도 굴하지 않고, 얼음 가득 넣은 아이스 아메리카노를 고집하는 그 결연한 마음처럼 내 안에 그만큼 굳은 의지가 필요하다는 걸 깨달았습니다.

"용기는 위대한 자질의 첫 번째이다. 왜냐하면 용기 없이는 다른 자질을 계속 유지할 수 없기 때문이다." 윈스턴 처칠의 말처럼 우리는 각자 중요한 것을 알아가고 소중한 것을 지키며 자신의 존재를 증명하기 위해 맞서 싸워야 합니다. 이 과정에서 두둑한 배짱이나 주눅 들지 않는 단단함을 두고 몰염치하다느니, 이기적이라고 쉽게 비난할 수는 없습니다. 그것은 그 자체로 자신을 보존하고 나아가기 위한 필수적인 태도이기 때문입니다.

**단 한 번뿐인 인생을 좀 더 의미 있게 나답게 살아가려면, 남의 시선을 의식하지 않고 나만의 뚝심과 담대함은 갖춰야 합니다.** 호기로움과 존재 이유 사이에서 여러분은 과연 지금 어느 위치에 있는지 궁금해지는 어느 고요한 오후입니다.

p.s. 그 호기로운 오빠에게

당신을 거울삼아, 다양한 책들을 섭렵하여 벌써 네 권의 책을 저술하게 되었네요. 어디에 있든 부디 주위 사람들과 함께 행복을 누리며 무탈하길 바랍니다.

## 5

# 유능함
무능에는 일고의 변명 따위 없다

바람과 파도는 언제나 유능한 뱃사람의 편이다.

에드워드 기번

당이 떨어질 때마다 찾았던 ○○ 초코우유는 달콤하고 진한 맛이 내 울적함을 위로해주곤 했습니다. 그러나 사업 종료로 사라진다는 소식을 들었을 때 안타까웠습니다. 부당해고와 법인세 탈세 의혹까지 결국 맛만 좋았고 실망스러운 회사였던 셈입니다. 그 문제의 핵심은 바로 '무능'이었고요. 몇 년간 전문 경영인 체제에서 흑자를 기록했지만, 2세 경영으로 바뀌면서부터 쇠락하기 시작했다고 하더군요.

한국에서 후대에 물려주는 오너 세습 경영이 자주 언급되는 이유는, 우리의 고유한 정서인 혈연 중심의 사고와 내 것을 남에게 맡길 수 없는 불신 때문일 겁니다. 그런데도 회사 경영의 궁극적인 목표는 이윤 창출입니다. 즉 임직원들, 그들의 가족들, 상장된 회사라면 주주들까지 모두가 승리하는 해피엔딩을 맞이하기 위해서는 능력이나 자질을 고려하지 않는, 경영 세습을 넘어서는 준비가 필수적입니다.

라종일 외 5인의 『한국의 불행한 대통령들』에서는 지도자가 할 수 있는 일과 없는 일, 해결할 문제와 관리할 문제를 구분해야 한다고 했습니다. 이는 대통령뿐만 아니라 회사의 경영자, 작은 조직의 관리자, 심지어 가정의 가장에게도 똑같이 적용됩니다. 결국 우리가 할 수 있는 일과 없는 일을 구별하려면 그에 맞는 능력이 있어야 하고, 만약 그 실력이 부족하면 적절한 권한과 책임을 다른 사람에게 위임해야 합니다.

예전에는 성공한 사람을 단순히 운이 좋았다고 생각했지만, 이제는 알게 됐습니다. **아무리 살면서 하는 모든 일은 운이 7할이고 노력이 3할이라는 '운칠기삼**運七技三**'이라도, 그 운이 다하고 나면 밑천이 드러날 수밖에 없다는 사실을요.** 더 안타까운 점은 그 피해가 본인만 아니라 다른 사람들에게도 영향을 미친다는 것입니다.

실제 무능한 지도자가 있을 경우 그 아래 사람들도 무능력해질 가능성이 매우 큰데요. 이를 설명하는 이론이 바로 로런스 J. 피터의 '피터의 원리*Peter Principle*'입니다. 핵심은 조직 내에서 개인이 자기 능력 한계에 도달하면 성과가 더 이상 개선되지 않거나, 오히려 저하된다는 거죠.

결국 조직은 위기를 맞고 무너집니다. 즉 리더의 무능은 악순환을 일으킨다는 거죠. 문득 10년 가까이 옥죄였던 사법 리스크에서 해방되어 이른바 본인의 2.0 시대를 열며 세계적으로 사랑과 신뢰를 받겠다고 다짐한 모 회장님이 떠오릅니다.

그가 얼마나 큰 부담을 지고 있을지 감히 상상도 못하지만, 그 답은 분명합니다. 믿음과 애정을 주는 회사를 경영하려면, 부와 덕을 함께 나눌 수 있는 능력을 통해 주가와 실적으로 당당히 만천하에 보여주면 됩니다. 고대 로마 역사학자 타키투스의 말처럼 "자기 실력에 기초하지 않은 권세나 명성만큼 믿을 수 없는 것도 없다."는 진리는 여전히 유효합니다.

'자비도량참법'에서의 "천자가 노하면 만 리에 송장이 깔린다."는 교훈이 현실에서 더 이상 발현되지 않도록 해야 합니다. 이 모든 건 상황이나 운에서 비롯되는 게 아니라, 지도자의 무능에서 비롯된 비극임을 잊지 말아야 합니다.

사실 우리는 그 예를 이미 많이 보고 있습니다. 중국은 딥시크로 날아다니고, 미국은 'America First'로 전 세계를 위협하는 가운데, 우리는 현명한 리더들의 부재로 인한 정치적 혼란과 극심한 이념 갈등 속에서 국민 개개인의 심리적 피로와 사회적 불안이 심화하고 있는 상황입니다. 구시대적이고 엉뚱한 대환장 파티는 더 이상 그만, 재계에서라도 오직 실력으로 승부해 승전고를 울려주는 멋진 모습을 보여주기를 바랍니다.

## 6

# 실행력

바보는 항상 결심만 한다

지금 적극적으로 실행되는 괜찮은 계획이 다음 주의 완벽한 계획보다 낫다.

조지 S. 패튼

"너무나 고맙게도 그 계기가 생겼다. 퇴사는 삶의 고삐를 당길 수 있는 마지막 타이밍."

예능 프로그램을 보면서 눈가가 촉촉해진 건 정말 오랜만이었습니다. 한 아나운서가 퇴사 결심을 전하는 장면에서, 그가 단순히 직장을 떠나는 것이 아니라 새로운 인생의 전환점을 찾기 위해 깊은 고민을 했다는 점에 공감했습니다. 나도 모르게 눈물이 흘러내렸습니다. 그가 10여 년 동안 쌓아온 경험과 자부심을 이야기하며, 40대에 "내가 운전대를 쥐고 싶다."라고 말했을 때 내 마음에 깊이 와닿았습니다.

몇 년 전 나에게도 비슷한 질문이 던져졌습니다. "내게 닥친 파고를 어떻게 극복할 것인가?"

2005년 대졸 공채로 입사해 쭉 일하다가, 2018년에 임기제 공무원으로 잠시 전향한 경험이 있습니다. 사실 안온한 직장을 떠난다는 건 쉽게 내릴 수 있는 결정이 아니었어요. 하루에도 몇 번씩 내 선택을 고민하며 혼란스러워했지만, 그때 아니면 변화를 꿈꾸기 어려울 것 같다는 생각이 들었습니다.

여러 이유가 있었지만 커리어적 한계도 컸습니다. 홍보 마케팅의 전문가가 되려면 다양한 매체와 대상을 경험해야 하는데 조선업이라는 특수한 업종에 오랫동안 몸담는 것이 장기적으로 내 경력에 도움이 될지를 생각해 봤습니다. 내 포트폴리오에는 B2B*Business-to-Business* 말고도 B2C*Business-to-Customer*나 시민과의 접점도 필요했고 유튜브, SNS 등 뉴미디어를 다루는 경험도 중요했습니다. 그래서 한 살이라도 젊을 때 새로운 길을 시도해 보자는 결단을 내렸고 그 선택이 바로 공직이었습니다.

가끔 아들이 "엄마가 그때 이직하지 않았더라면 우리 집이 정말 조용했을 것"이라고 말할 때, 멈칫합니다. 사실 삼성을 떠난 후 여러 곳을 다니며 겪은 풍파가 적지 않았습니다. 그런데 요 꼬맹이가 그런 변화와 불안정 속에서도 '안온함'의 의미를 아는 것이 기특하게 느껴집니다. 우리 가족의 평화에 일종의 부담을 준 건 아닐까 하는 미안함이 크지만 이미 엎질러진 물이기에 돌이킬 수 없는 선택이라면 후회보다는 그때의 결정을 긍정적으로 받아들이는 게 더 나을 것 같습니다.

물론 때로는 너무 힘들이 땅을 칠 만큼 후회할 때도 있지만, 내가 적어도 생각에 그치지 않고 실행에 옮겼다는 사실만으로도 자부심을 느낍니다. 나는 지체하지 않았습니다. 결국 내 삶의 고삐는 내가 쥐고 가는 것이니까요.

중국의 전자상거래 거인 알리바바의 창업자 마윈은 "세상에서 가장 같이 일하기 힘든 사람은 가난한 사람이다."라는 말을 남겼습니다. 처음에는 다소 의아했지만 곱씹어 보면 그 뜻이 명확해졌습니다. 그가 말한 가난한 사람은 물질적인 의미가 아니라, '정신적으로 가난한 사람'을 의미합니다. 즉 끊임없이 부정적으로 생각하고 그 생각을 행동으로 옮기지 않는 사람을 뜻하는 것입니다. 결국 실행이 얼마나 중요한지를 잘 보여줍니다. 우리가 아무리 좋은 아이디어를 가지고 있더라도 그것을 실행하지 않으면 기회를 놓친다는 사실은 이미 잘 알고 있습니다.

그런데도 대부분의 사람들이 실행하지 못하는 이유는 무엇일까요? 그 이유 중 하나는 불확실성에 대한 두려움과 자기 확신의 부족입니다. 불투명한 미래나 실패에 대한 걱정이 많은 사람들을 실행 앞에서 멈추게 만듭니다. 문득 2008년 드라마 〈스포트라이트〉를 즐겨 봤던 기억을 떠올렸습니다. 현실에 비치는 뉴스와 그 안에 감춰진 기자들의 고충, 악재, 기자의 생명과도 같은 기사 하나마다의 사연을 담은 그 드라마를 보면서 기자 시험에 우수수 떨어지며 고뇌했던 시절을 떠올리며 대리 만족하곤 했습니다.

한 대사가 마음에 콕 박혔습니다. "계단의 처음과 끝을 다 보려고 하지 마라. 그냥 내디뎌라." 이는 어떻게든 한 걸음을 내딛는 것이 중요하다는 의미로 다가왔습니다. 내가 언론사

입사를 더 이상 고집하지 않고 기업으로 방향을 바꾼 것처럼 결국 중요한 건 첫걸음을 내딛는 용기입니다.

입사는 물론 퇴사와 이직도 모두 타이밍이 중요합니다. 회사가 나를 받아줄 여력이 있어야 하고, 내가 도전할 수 있는 마음의 여유 또한 필요합니다. 그 시점을 놓치지 않기 위해서는 반드시 자기 확신이 있어야 하죠. 공교롭게도 아나운서의 퇴사 이야기를 본 날에 내가 4번째 회사를 사직했습니다. 이제 또 다른 새로운 도전을 향해 나아가고 있습니다.

시작을 고민하고 망설이는 분들에게 전하고 싶은 한마디가 있습니다. **"자기 확신이 들거든, 그냥 내질러라." 아무리 고민해 봐야 시간은 계속 흘러갑니다. 우리의 귀한 시간을 지금 본인의 것으로 잡고 행동으로 옮기세요.** 입으로만 이야기하지 말고, 몸과 마음을 함께 움직이세요. 그렇게 해야 후회 없는 인생을 살 수 있습니다. 지금 이 순간을 온전히 우리의 것으로 만들어봅시다.

## 7

# 명료함

님아, 아무 말이나 늘어지게 하지 마오

정신이 명료함은 열정도 명료함을 뜻한다.

따라서 위대하고 명료한 정신을 가진 자는

열정적으로 사랑하고 자신이 사랑하는 대상을 분명히 한다.

블레즈 파스칼

주위에 그런 사람이 꼭 있습니다. 착하고 다정한 성격에, 그 앞에서는 이상하게도 함부로 말하거나 대할 수 없습니다. 상사가 아닌데도 왠지 그 앞에서는 자세가 흐트러지지 않도록 신경이 쓰입니다. 마치 차렷 자세로 두 손을 모은 채 오랫동안 풀지 못하는 기분이 들죠. 그는 쓸데없는 말을 하지 않습니다. 간결하고 명료한 그의 말에 묵직함이 실려 있어 메시지가 분명하게 전달됩니다. 그는 서두르지 않습니다. 온화하고 여유로운 표정 뒤에 결정적인 한 방이 숨어 있는 느낌도 듭니다.

반면 절대 엮이기 싫은 귀찮은 사람들은 어떨까요? 그들은 억측이 많고 사소한 일에도 소란을 피웁니다. 불평불만이 많고 감정의 기복이 심하죠. 그들의 말은 군더더기로 가득 차고, 같은 말을 반복하며 중언부언합니다. 왜 그럴까요? 감정에 휘둘리고 남의 말에 쉽게 영향을 받는 사람들은 자신감과 자기에 대한 믿음이 부족하기 때문입니다. 그래서 자신의 생각을 간결하게 전달하지 못하고, 말이 길어지며 중심이 흔들리죠. 반대로 명확한 말은 자기를 정확히 아는 상태에서 나온다는 점에서, 상대는 그 말로부터 원하는 바를 쉽게 파악할 수 있습니다.

주로 명확하지만 감정적이기도 한, 이도 저도 아닌 나를 돌아보면 예전에는 사이다처럼 직설적인 말투가 익숙했지만 나이가 들면서 그런 까칠한 표현들이 점차 불편하게 느껴졌습니다. 톡 쏘는 탄산의 기운을 조금씩 빼며, 은은하고 격이 있는 방식으로 천천히 변화하고 싶다는 생각이 들었습니다. 그동안 지닌 서슬이 퍼런 기운을 덜어낼 방법을 고민하던 중, 가장 먼저 떠오른 건 감정에 휘둘려 강조하고 싶은 말을 반복하는 습관을 없애는 거였습니다.

윤태영의 『좋은 문장론』을 읽으며 글과 말은 본질적으로 비슷하다는 생각을 했습니다. 저자는 군더더기 없는 글을 쓰기 위해 가장 먼저 반복되는 낱말을 피해야 한다고 강조합니다. 적어도 한 문장 안에서는 같은 낱말을 되풀이하지 않도록 신경 써야 한다고 합니다. 이를 우리의 말에 적용해 보면, 장황함을 피하고 반복을 줄이는 것이 명료함을 위한 첫걸음이 될 수 있다는 점을 알았습니다.

'촌철살인寸鐵殺人'에서 '촌'은 보통 성인 남자의 손가락 한 마디를 뜻하고, '철'은 쇠로 만든 무기를 의미합니다. 따라서 '촌철'이란 한 치도 못 되는 작은 무기입니다. 만약 우리의 말이 촌철도 아닌, 즉 단단하고 날카롭지 않으며 엿가락처럼 늘어진다면 그것은 나에 대한 믿음이 부족한 것일 수 있습니다. 자신을 깊게 이해하는 사람은 명료함을 얻으려 노력한다고 프리드리히 니체도 말했습니다. 그러니 모호하고 애매한 순간에 우리는 자신을 돌아보고, 말을 점검해야 합니다. 더 나아가 **명료함은 자신이 책임질 수 있는 범위를 명확히 한정하는 것과도 관련이 있습니다. 거절과 허락도 마찬가지입니다.** 내가 할 수 있는 범위를 정확히 알고 그것을 상대에게 알려주는 것, 바로 그런 굳은 의지로 내뱉는 한마디 한마디는 허투루 쓰일 수 없으며, 이를 통해 상대방에게 신뢰감을 줄 수 있습니다.

결국 말의 명료함은 단순히 소통을 위한 효율적인 도구가 아니라, 자신과 타인에게 믿음을 주는 중요한 역할을 합니다. 말을 정확하게 전달하고, 상대방이 이를 명확히 이해할 수 있다면, 말에는 자연스럽게 힘이 실리고, 화자와 청자의 관계도 더 깊고 견고해질 것입니다. 마지막으로 커뮤니케이션 전문가 김범준의 말을 인용하며 마무리하고자 합니다. "'쓸데없음', '영혼 없음', 그리고 '괜한'이 포함된 말들을 하지 않으면 된다. 할 말을 하기보다 하지 말아야 할 말을 하지 않는 것이 진정한 덕담이다."

## 8

# 근성
어서 와, '근성' 월드는 처음이지?

포기하지 마라.

절망의 이빨에 심장을 물어뜯겨 본 자만이 희망을 사냥할 자격이 있다.

이외수

한 외국계 투자 법인에서 스타트업과 중소기업의 홍보에 있어서 필요한 역량에 관해 물어본 적이 있습니다. 망설임 없이 대답했습니다. "첫째도 근성, 둘째도 근성, 셋째도 근성." 대기업이야 그 자체로 명성을 지니고 있어서 기자나 관계자들에게 접근하는 데 비교적 유리합니다. 반면 스타트업과 중소기업은 상황이 너무나 다릅니다. 무시당하는 일이 흔하고, 그로 인해 언짢을 때도 많죠. 처음엔 그 현실을 감당하기 어려웠지만, 점차 다른 시각으로 바라보게 되었습니다.

오히려 이를 '퇴직 전 연습'처럼 받아들이기로 했습니다.

무슨 말일까요? 예를 들어 유명 회사에 몸담았던 경력자라 해도 떼어놓고 생각해 보면, '과연 나는 나로서 시장에서 인정받을 수 있을까?'라는 질문을 던져보자는 겁니다. '내가 무엇을 팔 수 있을까? 어떻게 사람들을 설득하고 끌어들일 수 있을까?' 이걸 업무에 적용한다면, 회사의 기술과 상품을 홍보하고 투자자들을 유치하며 상장까지 이끌 수 있을지의 고민으로 이어집니다. 이때 중요한 것은 거절당하더라도 포기하지 않고 계속 밀고 나가는 끈기입니다.

또한 1부터 100까지 모든 과정을 혼자서 책임지고 원하는 결과를 도출하는 데는 엄청난 노력이 필요합니다. 이 과정에서 근성은 필수적으로 뒷받침되어야 합니다. 기자들에게 복잡하고 어려운 내용을 쉽게 설명하려면, 기술 인력에게 귀찮을 정도로 반복적으로 질문해야 합니다. 말처럼 그리 간단한 일이 아니죠. 대부분 호의적이지만 일부는 정보를 쉽게 주지 않고 까다롭게 굴기도 합니다. 그런데도 그 모든 과정을 거쳐 회사의 기술과 상품을 이해한 대로 보도 자료나 브로슈어

등 홍보 자료를 만들어 세상에 내놓게 됩니다. 이때 중요한 것은 결과에 집착하지 않고 과정에 충실히 하는 마음가짐입니다. 일이 잘될 수도, 그렇지 않을 수도 있다는 점을 받아들이는 넓은 품도 필요합니다.

그리고 대부분의 회사 대표들은 회사의 작은 성공도 세상이 반드시 알아주기를 바랍니다. 하지만 이게 현실적으로 어렵다는 걸 설득하는 건 또 다른 도전이죠. 대체로 웬만한 매체에 실리기 힘들고, 아주 특별한 게 없다면 기삿거리가 될 수 없다는 걸 이해시키는 것도 전혀 쉽지 않습니다. 이때 감정을 억누르고 차분히 설명할 수 있는 건 바로 '인내심'입니다.

문득 자코모 카사노바가 떠오릅니다. 그는 유럽 대륙을 누비며 많은 여성의 마음을 사로잡았던 전설적인 인물로 유명하지만, 그의 말년을 기억하는 사람은 많지 않습니다. 고향인 베네치아에서 추방된 후, 오랜 망명 생활을 해온 그는 어느 백작의 후원으로 겨우 생계를 이어가며 가혹한 따돌림과 경멸을 이겨내고 회고록을 썼습니다. 그의 이야기는 결국 나 자신을 믿으며 모든 것을 내려놓고 오롯이 나로서 승부를 걸 때 비로소 자유를 느끼며 내 것을 찾을 수 있다는 교훈을 남깁니다.

그래서 그전까지는 근성을 바탕으로 어쨌든 살아남아야 합니다. 쉽게 물러서지 말고 상처받지 않으며 끝까지 포기하지 않아야 합니다. 천하의 여심을 사로잡았던 그가 말년에 도서관의 사서로 일하며 자신의 언어로 책을 맹렬히 쓴 모습을 떠올리며, 나도 회사의 홍보와 마케팅을 하는 사람으로서 나 자신도 하나의 브랜드로 생각하며 살아가고 있습니다. 꾸준히 내 언어로 글을 쓰고 북토크를 열어 독자들과 소통하며 나만의 스타일을 만들어가고 있죠. 이런 노력 덕분에 기자들이나 관계자들이 나와 회사에 관심을 갖고 흥미를 보이니 참 다행이라고 생각합니다.

결국 오늘을 최고의 방식으로 살아가는 길은 내게 일어나는 변화를 가장 적극적으로 받아들이는 것이라고 믿습니다. 혹시 "나 때는…."이라는 말을 자주 한다면, 이는 '나는 그때나 어울리는 사람이다.'라고 스스로 증명하는 셈일 수 있습니다. **완장과 명찰을 떼고 홀로 서서 본연의 나를 위한 연습을**

**먼저 시작하는 것이 중요합니다.** 오늘을 살아남기 위한 첫걸음을 지금부터 조용히 내디뎌 봅시다.

# 9

## 일관성

똑똑한 바보를 아십니까

최고의 지성이란 상반되는 생각을 동시에 가지고 있으면서도

행동의 일관성을 유지할 수 있는 능력이다.

F. 스콧 피츠제럴드

 어디서 본 적 있으시죠? 주변에서 말이나 행동을 한 후 뒤늦게 수습하며 스스로 합리화하는 이른바 인지 부조화 현상. 기독교복음선교회JMS와 아가동산, 오대양 사건, 만민중앙교회 등을 추적한 다큐멘터리 〈나는 신이다: 신이 배신한 사람들〉을 정말 인상 깊게 봤는데요. 특히 한 친구를 떠올리며 더욱 몰입했던 기억이 있습니다.

 그는 경제적, 지적 능력 등 모든 면에서 내가 따라갈 수 없

을 정도로 뛰어나 그의 삶의 방식에서 많은 자극을 받았습니다. 재테크를 잘해 일찌감치 자기 명의로 된 집을 마련했고, 퇴근 후 공부를 게을리하지 않는 편이었지요. 그런데 어느 날부터 그와 함께하는 사람들이 특정 종교와 연관되었다는 이상한 소문이 들려오기 시작했습니다. 몇몇 친구들은 더 이상 그와의 연락을 원하지 않게 되었죠. 알고 보니 그는 이미 열정적으로 포교 활동을 하고 있었습니다.

그와 연락이 두절된 채 몇 개월이 지난 후 마침내 만나 자초지종을 들었습니다. 그는 내게 전도에 대해 아무리 말해도 씨알도 먹히지 않을 것 같아서 아예 전화조차 하지 않았다고 하더군요. '똑똑한 친구가 이단 종교에 빠지다니!' 믿기 어려울 만큼 충격적이었습니다. 그런데 그는 뒤늦게 정신을 차렸지만, 그곳에서 빠져나오는 것이 절대 쉽지 않았다고 합니다.

신도들이 문제였던 게 아니라 바로 자기 자신 때문이었죠. 이른바 '인지 부조화 이론'에서 말하는 심리적 방어 메커니즘이 작용한 겁니다. 그는 자신이 믿었던 것을 지키기 위해 내적으로 신념을 정당화하려 했고 그 결과 자신을 더욱 고립시켰습니다. 그래서 그곳을 탈출하는 데는 꽤 오랜 시간이 걸

렸다고 하더군요.

이처럼 인지 부조화는 우리가 믿고 있는 것과 실제로 겪는 경험 간의 불일치에서 발생하는 불편함에서 비롯됩니다. 우리에겐 이를 해소하려는 본능적인 경향이 있으며, 그 과정에서 때로는 현실을 왜곡하거나 외면하는 방어적인 행동을 하게 되죠. 예를 들어 자신과 비슷한 사람들만 만나거나 나와 같이 입바른 소리를 하는 사람은 가차 없이 차단하는 방식으로 본인의 신념을 고수하게 됩니다. 실제로 그 친구는 한동안 나를 포함한 주변 사람들과의 교류를 끊었고, 심지어 가족들과도 일절 연락하지 않았다고 합니다.

하지만 이는 종교적인 문제에만 국한되지 않습니다. 누구나 자신의 믿음을 고수하기 위해 현실을 왜곡하거나 무시하려는 태도를 보일 수 있습니다. 중요한 건 일관성입니다. 자신의 신념이 행동과 견해와 일치하는지 점검하고, 불일치가 생겼을 때 이를 바로잡으려는 수고가 필요합니다. 만약 그런 노력이 없다면 결국 인지 부조화는 더욱 확대되어 더 큰 갈등을 초래할 수 있습니다.

자신이 보고 싶은 것만 보고 자신에게 맞는 것만 선택하게 되면, 결국 우리는 똑똑한 바보가 될 수 있습니다. 고정된 사고의 틀에서 벗어나지 않으면 세상은 왜곡된 모습으로만 다가올 수 있습니다. **헛똑똑이가 되지 않으려면 개방적 태도를 가져야 합니다. 다른 사람들의 시선과 의견을 열린 마음으로 받아들이고, 그 속에서 진정한 일관성과 정신적 자유를 얻을 수 있습니다.**

마지막으로 인지 부조화는 심리적 불편함과 스트레스를 유발합니다. 이걸 어떻게 다룰지는 각자의 선택입니다. 어떤 사람은 스트레스를 운동해 해소하고, 또 다른 이는 명상이나 자기 성찰로 마음을 다스립니다. 중요한 건 자신만의 방법으로 심리적 부조화를 관리하고, 더 나은 자신을 만들어가는 겁니다. 때로는 운동화 끈을 질끈 묶고 냅다 뛰어야 할 각오도 필요합니다. 자신만의 방식으로 마음을 챙기며 각자의 삶을 만들어가는 것이 중요합니다.

잘못된 것에 대해 정신적으로만 승리하려 하지 말고, 내일은 도서관 문이 열리자마자 바로 가야겠습니다. 다양한 책을 들춰보며 나를 돌아볼 수 있는 열린 방법을 찾아야겠습니다.

> **심리 용어 해설 사전**　　　　　　　　　　　　　　　인지 부조화
>
> 기존에 가지고 있던 것과 반대되는 새로운 정보를 접했을 때 또는 두 가지 이상의 반대되는 믿음, 생각, 가치를 동시에 지닐 때 개인이 받는 정신적 스트레스나 불편한 경험, 또는 사람들이 자신의 태도와 행동 따위가 서로 모순되어 양립할 수 없다고 느끼는 불균형 상태 등을 말한다.

## 10

# 명랑함

그저 유쾌한 어른으로

> 내가 생각하는 명랑함은 철없이 앉아서 하하 그러는 게 아니라 발견하는 기쁨이다. 내가 힘들더라도 살아 있다는 걸 기뻐하는 영성, 거기서 빚어지는 명랑함이라고 할까.
>
> 이해인

'수녀'라는 단어에서 떠오르는 절제, 참을성 같은 일반적인 이미지를 완전히 바꾼 분은 아마도 이해인 수녀일 겁니다. 그는 대장암 진단을 받고 투병한 후, 고통을 잘 이용하면 된다는 깨달음을 얻으며 "괴로움이 아니라 선물이었다."고 말했습니다. 그 후로 60년의 수도 생활을 되돌아보며 밝은 표정으로 명랑하게 살아가는 것이 삶에 행복과 위안을 준다고 강조했습니다.

'명랑한 어른'을 떠올리면 전 직장에서 만나 지금까지 연락을 이어가고 있는 한 분이 생각납니다. 특유의 구수한 사투리와 살짝 깨발랄한 매력 덕분에 언제나 미소가 지어집니다. 함께 일할 때 중요한 쟁점들을 잘 짚어주었고, 덕분에 많은 것을 배울 수 있었습니다. 가끔은 흥분해서 기나긴 통화 끝에 전화기를 대고 있는 귀에 불이 날 때도 있었지만, 대체로 연륜에 맞게 여유롭고 차분한 모습이 인상 깊었습니다. 지치고 힘들 때면 그와 소통으로 마음을 나누며 큰 위로를 받곤 했습니다.

아르투어 쇼펜하우어는 명랑한 성격이 행복에 중요한 영향을 미친다고 했습니다. 내적인 자원 중에서 가장 직접적으로 영향을 미치는 요소로, 다른 재물 없이도 명랑함만 있으면 즐거울 수 있다고 했죠. 우리는 시끄럽고 활기찬 어른을 보고 주책이라거나 나잇값을 못 한다고 비판하곤 합니다. '주책'은 타인의 시선에서 과하게 보이는 행동을 의미하고, '명랑함'은 주변에 밝은 에너지를 주는 긍정적인 성향을 뜻합니다. 우아하고 기품 있는 것까진 바라지 않지만, 주책과 명랑함의 경계를 적당히 넘나드는 것은 괜찮지 않을까 싶습니다.

그렇게 유쾌하고 웃음 넘치는 어른으로 천천히 내려오고 사실 높게 올라간 적도 없지만 싶습니다.

요즘 매스컴에서 태연하게 거짓말을 하거나 잘못을 부인하는 볼썽사나운 어른들을 자주 접합니다. 그들을 보면 안 본 눈을 사고 싶은 마음이 굴뚝같습니다. 진정 '좋은 어른'으로 남는 것이 이토록 어려운 일인지 새삼 느끼고 있습니다. 그러면서도 여전히 '방법'을 찾고 어떻게 내려놓아야 할지 고민 중입니다.

진지함이 사람을 늙게 만든다고 하죠? 우리의 의지와는 상관없이, 잘못과는 무관하게 인생은 때로 예상치 못한 방향으로 흘러가고 어려운 상황도 많아져 한시도 마음을 놓을 수가 없습니다. 나 역시 야심 차게 맡은 조직이 별안간 없어지거나, 집에서 멀리 떨어진 곳으로 갑작스레 발령을 받았던 당황스러웠던 경험이 있습니다. 이런 일들이 나를 더 심각하고 정색하는 사람으로 나이 들게 만드는 것 같습니다.

물론 모든 경우의 수를 고려해 만반의 준비를 하려고 노력하고 있지만, 여전히 부족함을 느끼고 있습니다. 그래서 내년 초에 사서 자격 과정을 마친 후, 그다음에는 무엇을 할지 벌써 고민하고 있죠. 항상 문제 해결 방법을 찾아내는 통솔자 성격인 ENTJ라서 단단히 조이지 않으면 두 다리 뻗고 잠을 자는 게 쉽지 않거든요.

하루하루 살짝 긴장되고 미래를 생각하면 숨이 가쁘며 가끔은 허투루 지나간 세월이 아쉽고 우울하기도 하지만, 나태주 시인의 시 「숨 쉬게 하는 힘」을 떠올리며 마음을 다잡습니다. 그에 의하면, 마음이 엉켜 풀리지 않을 때는 일단 명랑하게 보이며 좋은 척을 해보면 조금씩 나아진다고 합니다. 그래서 방송인 최화정의 어머니가 해주신 말을 실천해 보기로 했습니다. **'허리를 펴고 입꼬리를 쫙!'** **그럼 세상에 못 할 일이 없을 테니까요.**

## 내면 공부 체크리스트

"자기 성찰과 실행을 통해 자립을 넘어 독립적인 삶을 추구하며,
현재의 변화에 적응하는 방법은 과연 무엇일까요?"

### √ 자립과 독립의 차이 알기

자립은 타인의 도움을 받으면서도 스스로 살아가는 법을 배우는 것입니다. 독립은 타인이나 사회, 국가에 의존하지 않고 자립적인 삶을 이루려는 마음가짐입니다.

### √ 혼자의 시간과 내면의 성장

혼자 있는 것을 원하는 이들은 자기 밀도가 확실한 사람들입니다. 고독 속에서 자기 내면을 돌아보고 더 나은 삶을 향해 나아가려는 자세를 가집니다.

### √ 관계에서의 자기반성

누군가에게 잔소리나 조언하고 싶은 마음이 들 때 그 감정을 일단 멈추고 나 자신에게 집중하는 것이 중요합니다.

### √ 자기 확신과 실행

불확실성에 대한 두려움으로 실행을 미루지 말고 조금이라도 확신이 들면 바로 액션에 옮기는 것이 중요합니다.

### √ 말의 명료함

말은 단순히 효율적인 소통 도구가 아니라 신뢰와 믿음을 주는 중요한 역할을 합니다. 자신이 할 수 있는 범위를 명확히 알고 그것에 맞게 의사를 전달하는 것이 관계의 깊이를 더하고 신뢰를 쌓는 데 도움이 됩니다.

### √ 현재의 변화 수용

과거의 방식에 집착하거나 "나 때는…"이라고 말하는 것은 현재에 적응하지 못함을 의미할 수 있습니다. 변화를 적극적으로 받아들이는 훈련을 어서 시작하는 것이 중요합니다.

### √ 일관성 유지와 개방적 태도

자신이 보고 싶은 것만 보고, 자신에게 맞는 것만 선택하려는 성향을 경계해야 합니다. 고정된 사고의 틀에서 벗어나 다른 사람들의 시선과 의견을 열린 마음으로 받아들이는 것은 길게 보면 정신적 자유를 얻는 길입니다.

### √ 긍정적인 마인드와 실천

허리를 펴고 입꼬리를 쫙! 어려운 상황에서도 명랑한 마음으로 좋은 척을 하며 긍정적인 태도를 유지하는 것이 마음의 안정은 물론 삶의 힘이 됩니다.

에필로그

## 여러분은 감정에 쓸려가고 있나요? 올라타고 있나요?

'나이 듦에 대해 어떻게 생각하냐'는 질문은 언제나 깊은 생각을 하게 만듭니다. 최근에 읽은 김찬호의 『베이비부머가 노년이 되었습니다』에서 하산에 비유한 부분이 인상 깊었습니다. 산행에서 하산을 할 때 사고가 잦고 길을 잃을 위험이 높다는 점이 인생의 말년과 닮았다는 메시지가 마음에 깊이 와닿았습니다. 나이 듦도 마찬가지입니다. 인생의 중후반부를 어떻게 준비하고 그 과정을 통해 무엇을 배울지에 대해 고민하는 것이 중요하다는 뜻으로 해석할 수 있을 것 같습니다.

단언컨대 내일은 오늘보다 조금 더 나은 나로 살아가고자 하는 자존감을 지키며 무탈하게 내려오고 싶습니다. 우리가 스스로 만든 쓸모 있는 삶이야말로 그게 '행복' 아니면 도대체

뭘까 하는 자신감을 챙기면서 말이죠. 저는 행복의 비결은 불필요한 것에서 얼마나 벗어나는지에 달려 있다고 생각하기에, 비움의 미학을 느끼며 중년 이후를 보내고 싶습니다.

누구나 죽음이라는 최종 목적지를 향해 가는 과정에서 마음을 잘 다스려가겠지만 그 길에서 감당할 수 없는 순간들을 맞이하게 될 것입니다. 특히 우리의 의지나 노력, 의도와는 상관없이 상처받게 되는 일이 많을 텐데요. 그때마다 억울함에 휩싸여 자책하고, 누군가를 원망하며 못마땅한 마음에 빠지면 결국 마음의 상처만 더 깊어질 것이라는 점을 명심해야 합니다.

그래서 '왜 나에게 이런 일이?'가 아니라, '내가 사람이니까 그럴 수도 있다.'고 생각해 보자는 겁니다. 이런 마음의 경지에 도달하려면 평소 자신과의 관계를 잘 유지하고 자신을 이해하려는 노력이 필요합니다. 자기 자신을 돌보는 것, 그 과정에서 얻는 내적인 평화는 외부의 어려움 속에서도 균형을 잃지 않게 도와줍니다.

부디 이 책을 통해 자기 마음 깊숙이 들여다보시기를 권합니다. 남에게 가졌던 시선을 자신에게 돌려, 내 안의 질투나 시기심이 어디서 비롯되는지 내 안의 인정 욕구가 어떻게 드러나는지 살펴보세요. 그리고 자신의 마음과 잘 지내는 법도 익혀보세요. 그렇게 되면 덧셈의 행복을 느낄 수 있고, 때로는 뺄셈의 자유로움도 경험할 수 있습니다. 자신을 이해하고 받아들이는 과정에서 진정한 평온을 찾을 수 있으며, 더 나아가 세상과의 관계에도 긍정적인 영향을 미칠 것입니다.

나이 듦에 감사한 마음마저 드는 건 저만일까요? 진짜 어른이 된다는 것은 자기 결정권을 가지고 나 자신에 대한 이해의 폭을 넓히는 견고한 과정이라고 생각합니다. 진정으로 내 마음을 탐구하고, 내려놓을 것은 내려놓으며 받아들일 것은 받아들이고, 보다 여유롭고 편안한 마음으로 대할 때 이보다 더 행복한 순간은 없을 것이라 확신합니다.

**여러분, 이제 자신에게 한 번 말을 걸어보세요. 감정의 파도에 쓸려가느냐, 올라타느냐, 전적으로 여러분의 선택입니다.** 시간이 점점 흘러가고 있다는 사실을 기억하며, 이 소중한 순간들을 놓치지 않기를 바랍니다. 결국 우리가 가질 수 있는 가장 큰 선물은 지금 온전히 나 자신을 느끼고 살아가는 것입니다.

2025년 짙은 봄

변한다

제 글을 가장 먼저 읽어주시고

항상 응원해 주시는 고마운 어머니께

깊은 감사의 말씀을 드립니다.

올해로 팔순을 맞은 아버지,

제가 우뚝 서는 그날까지

건강 잘 챙겨주시길 바랍니다.

사랑하는 남편과 아들,

아내로서 엄마로서 부족함이 많지만

늘 고맙고 감사한 마음뿐입니다.

제 글을 아껴주시는 고마운 독자분들,

어서 북토크에서 다시 만나뵙기를 기대합니다.

마지막으로 이 책이 세상에 나올 수 있도록

열정을 다해 도와주신 미다스북스의 안채원 편집자님께도

진심으로 감사의 마음을 전합니다.


p.s. 이 책을 쓰면서 고 휘성의 노래를 많이 들었습니다.

    그의 오랜 팬으로서 내 젊은 날과 함께했던 그의 명복을 빕니다.